"十三五"国家重点图书项目

国家出版基金项目
NATIONAL PUBLICATION FOUNDATION

一带一路

中外文化交流史

何芳川◎主编

仲跻昆◎著

中国阿拉伯世界文化交流史

国际文化出版公司

·北京·

图书在版编目（CIP）数据

中外文化交流史．中国阿拉伯世界文化交流史 / 何芳川主编；仲跻昆著．-- 北京：国际文化出版公司，2020.12

ISBN 978-7-5125-1273-3

Ⅰ．①中… Ⅱ．①何… ②仲… Ⅲ．①中外关系—文化交流—文化史—中国、阿拉伯国家 Ⅳ．① K203 ② K371.032

中国版本图书馆 CIP 数据核字 (2020) 第 264011 号

中外文化交流史·中国阿拉伯世界文化交流史

主　　编	何芳川	
作　　者	仲跻昆	
统筹监制	吴昌荣	
责任编辑	侯娟雅	
出版发行	国际文化出版公司	
经　　销	全国新华书店	
印　　刷	文畅阁印刷有限公司	
开　　本	710 毫米 ×1000 毫米	16 开
	8 印张	91 千字
版　　次	2020 年 12 月第 1 版	
	2020 年 12 月第 1 次印刷	
书　　号	ISBN 978-7-5125-1273-3	
定　　价	48.00 元	

国际文化出版公司

北京朝阳区东土城路乙 9 号　　　　邮编：100013

总编室：（010）64271551　　　　传真：（010）64271578

销售热线：（010）64271187

传真：（010）64271187—800

E-mail：icpc@95777.sina.net

目录
Contents

第一章

阿拉伯世界

　　阿拉伯世界西起大西洋，东至阿拉伯海，地处西亚、北非，包括叙利亚、伊拉克、黎巴嫩、约旦、巴勒斯坦、沙特阿拉伯、科威特、巴林、卡塔尔、阿拉伯联合酋长国、阿曼、也门、埃及、苏丹、利比亚、突尼斯、阿尔及利亚、摩洛哥、毛里塔尼亚、吉布提、索马里和科摩罗在内的 22 个国家，面积约为 1420 万平方公里，人口共约 3 亿。石油占世界储量的 60% 以上。阿拉伯世界所在地区不仅是世界海陆重要交通枢纽，而且位于战略要冲，历来是各种势力争夺之所，战乱频仍。当今，这一地区往往是新闻媒体报道的热点，也常常是世人瞩目的焦点。在我国的总体外交中，包括阿拉伯诸国在内的中东国家是我国大周边战略的组成部分。我国与这些国家同属第三世界的发展中国家，历史上的共同遭遇和当今面临的许多共同或相似的问题，常使我们对这些国家的人民备感亲切。我国与这些国家多建有长期友好、亲密的关系。世界上很难找出两个民族像中华民族与阿拉伯民族之间有那么多的相似之处。

阿拉伯海一角

　　一些著名学者曾将世界文化或文明划分成若干体系或"文化圈"。如英国著名学者汤因比（Arnold Joseph Toynbee，1889—1975）就认为"人类历史上出现过二十多种自成体系的伟大文明，但其中大部分均已灭绝，目前世界上还存在着 5 种文明：①西方基督教文明；②东南欧和俄罗斯的东正教文明；③北非、西南亚和中亚一带的伊斯兰教文明；④南亚次大陆上的印度文明；⑤中国、朝鲜和日本的东亚文明"。[①] 我国著名学者季羡林先生则曾指出："在世界上延续时间长、没有中断过、真正形成独立体系的文化只有四个——中国文化体系、印度文化体系、阿拉伯－伊斯兰文化体系和从希腊、罗马起始的西欧文化体系。"[②]

　　无论学者们怎样划分，无疑，在我们这个多种文明的星球上，中国文化体系与阿拉伯－伊斯兰文化体系都是世界有史以来存在的最重要的文化体系。

　　中国与阿拉伯都有悠久的历史、古老的文明，可谓源远流长。

　　中国的历史可以上溯五千年，自不必赘述。

　　阿拉伯－伊斯兰文化的发祥地是阿拉伯半岛。阿拉伯半岛是伊斯兰教的摇篮。学者们还多认为阿拉伯半岛不仅是阿拉伯人的故乡，也是所有闪族人（又称闪米特人）的家乡。

　　阿拉伯人是闪族的一支。有的学者认为他们还是闪族的根。如：埃及著名学者阿巴斯·阿卡德（'abbās Mahmūd al - 'aqqūd，1889—

---

① 《中国大百科全书·外国历史卷》，中国大百科全书出版社，1990 年版第 905 页。
② 季羡林主编：《东方文化史话·序》，黄山书社，1987 年版第 1 页。

1964）曾说过："何为阿拉伯人？这是远比它当今通行的名字要古老得多的民族。因为他们很可能是闪族的根，由此派生出迦勒底人、亚述人、迦南人、希伯来人和其他曾住在两河流域、巴勒斯坦及其周围城乡和荒漠的闪族人民。"[1] 美国学者菲利普·希提（Philip K.Hitti，1886—1978）也认为："阿拉伯半岛，可能是闪族人的摇篮，闪族在这个地方成长之后，迁移到肥沃的新月地区，后来就成为历史上的巴比伦人、亚述人和希伯来人。说阿拉伯半岛是纯粹的闪族文化的发源地，是持之有故、言之成理的。所以犹太教和基督教的基本因素，以及后来发展成为闪族的各种特质，必须在这个半岛的沙土中寻找其根源。"[2] 据历史学家考证，由于气候变化和其他原因，古代阿拉伯半岛的居民，每隔千年左右，就周期性地向外迁徙一次。结果，移入埃及者与那里的含族人混合，移入两河流域者则与苏美尔人混合。历史上的巴比伦人、亚述人、迦南人、腓尼基人、希伯来人、阿拉马人等与古代阿拉伯人皆为同

闪米特人

---

[1] ［埃及］阿巴斯·阿卡德：《阿拉伯对欧洲文化的影响》，埃及知识出版社，1946 年版第 5 页。
[2] ［美］希提：《阿拉伯通史》上册，马坚译，商务印书馆，1979 年版第 1 页。

祖同宗的闪族人。因此可以说：阿拉伯文化与世界最古老的埃及 – 尼罗河流域文化、巴比伦 – 两河流域文化、地中海东岸 – 迦南地区（包括腓尼基、希伯来）文化乃至曾受过上述文化影响的古希腊、罗马文化都有极其深远的渊源关系。

美国著名学者杜兰特（Will Durunt，1885—1981）曾在其名著《文化的故事》（*The Story of Civilization*）一书中说："有资料证明，文化——此处是指种植和饲养家畜、家禽——在没有文字记载的古代就已出现于阿拉伯地区，然后由此呈文化三角形式传布至两河流域（苏美尔、巴比伦、亚述）和埃及。"[①] 美国的另一位学者西德尼·内特尔顿·费希尔（Sydney Nettleton Fisher）在其

源于两河流域的重建的塔庙

---

① ［美］W. 杜兰特：《文化的故事》第 2 卷，第 43 页。

所写的《中东史》（ *The Middle East:A History* ）一书中则说：在西方，"学者们至今尚在辩论，西方文明究竟是发端于尼罗河流域呢，还是发端于底格里斯—幼发拉底河沿岸的美索不达米亚"。[①]由此不难看出，西方文明的源头是在东方，而且恰恰是在当今阿拉伯世界所在的地区。

摄于 1932 年的巴比伦遗址，存于美国国会图书馆

---

① ［美］西德尼·内特尔顿·费希尔：《中东史》上册，姚梓良译，商务印书馆，1979 年版第 10 页。

美索不达米亚神话系列浮雕之一

中古（中世纪）的阿拉伯历史一般可以分为三个时期：

1. 贾希利叶时期（475—622，亦称蒙昧时期）

这一时期是指伊斯兰教创立前的约 100 年期间。"贾希利叶"一词原为蒙昧、愚妄、无知的意思，源于《古兰经》。因为从伊斯兰教的观点看，当时半岛大部分游牧民桀骜不驯，信奉原始宗教，即信仰多神、崇拜偶像，而未认识真主，因而被认为是蒙昧阶段。当时人们多以氏族部落为单位，放牧驼、羊，逐水草而居，过着游牧生活。因生产力低下，部落间常因争夺水草而发生冲突或战争，盛行相互劫掠和血亲复仇。居住于阿拉伯半岛的阿拉伯人在这一时期才逐渐有了统一的、标准的阿拉伯语言和文字，并日臻完美；而流传至今诸如世界文坛奇葩的《悬诗》等最古的阿拉伯文学作品，也产生于这一时期。

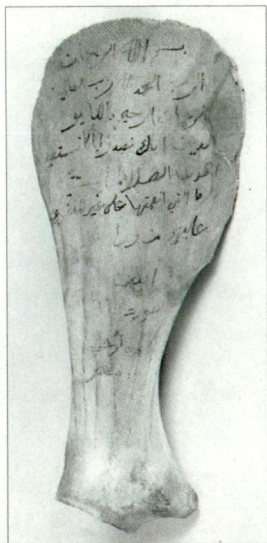

用墨水刻写在骆驼肩胛骨上的《古兰经》经文书法，现存于普林斯顿大学图书馆

2. 伊斯兰时期（622—750）

这一时期又分为两个时期：先知穆罕默德和四大哈里发在位的伊斯兰初创时期（622—661）和伍麦叶王朝（亦译"倭马亚王朝"，661—750）时期。

穆罕默德（Muhammad，570—632）实现了整个阿拉伯半岛的伊斯兰化，完成了阿拉伯半岛的统一。穆罕默德逝世后，由艾卜·伯克尔（Abū Bakr，632—634）、欧麦尔（ʿumar bn al-Khaṭṭāb，634—644）、奥斯曼（ʿuthmān bn ʿaffān，644—655）、阿里（ʿalī，655—661）先后继位，称四大哈里发（al-Khalīfah，意为后继者、接班人）。公元661年，伍麦叶家族从阿里手中篡权，自立哈里发，并从此改政体为世袭帝制，遂名"伍麦叶王朝"，迁都于大马士革。伍麦叶朝旗帜尚白，我国古书称之为"白衣大食"。在这一时期，不断征战，开疆拓域，自公元8世纪上半叶，阿拉伯帝国最后形成。其疆域西起大西洋的比斯开湾，东至印度河和中国边境，跨有亚、非、欧三洲（即中亚、西亚、南亚、北非以及南欧的伊比利亚半岛和西西里岛）的土地。

摄于大马士革的倭马亚清真寺

3. 阿拔斯王朝时期（750—1258）

公元 750 年，先知穆罕默德的叔父阿拔斯的玄孙艾卜·阿拔斯（Abū al-ʿabbās，750—754 年在位）从伍麦叶人手中夺得政权，建阿拔斯王朝，因旗帜尚黑，中国史书称"黑衣大食"。王朝大体又可以公元 945 年波斯的布韦希人占据巴格达为界，分前（750—945）、后（945—1258）两个时期。后期的阿拔斯王朝实际已经名存实亡，解体为各自为政的一些小王朝、小王国，所以这一时期亦可称"诸朝列国"时期。阿拉伯帝国版图建立在多种文明的积淀上，各族混居通婚，统治者奉行文化"广采博收""择优而取"、思想自由、宗教宽松的政策，对文人墨客又多方奖励，许多印度、波斯、希腊－罗马的文学、哲学、科学著作被译成阿拉伯文。故这一时期的阿拉伯文化呈多元多彩、繁荣昌盛的状况，特别是在开国初的 100 年间更是如此，被认为是阿拉伯文化的黄金时代。王朝后期，虽是地方割据、王国群立，但很多王公贵族的文化素质很高，有的本身就是文人、学者，同时，他们为自身利益也往往招徕力量，笼络各方文人、学者为他们服务，这就使得这一时期的文化仍相当繁荣，且形成巴格达、开罗、阿勒颇、科尔多瓦等几个文化中心。

值得注意的是，8 世纪初叶，伍麦叶朝时代西班牙地区已被阿拉伯人征服，称安达卢西亚。自 8 世纪初，至 15 世纪末，阿拉伯人在安达卢西亚地区统治长达近 8 个世纪之久，这一地区自然环境与民风与东阿拉伯迥然不同，故而安达卢西亚的文化、文学有许多特点，产生了许多著名诗人、学者。

底格里斯河流经巴格达

在中世纪，横跨亚非欧三大洲的阿拉伯大帝国与雄踞东亚的中国，随着政治、经济达到鼎盛，文化也像擎天的灯塔，在丝绸之路两端交相辉映，彪炳于世。实际上，中国唐代的首都长安和阿拉伯阿拔斯朝的首府巴格达是当时世界上的两大文明的中心。中阿人民之间的交往，无疑在世界文化史上谱写了无与伦比、光彩夺目的篇章。当时中国文化的影响是众所周知的，不必细说。

而中世纪的阿拉伯人在学习、吸收、借鉴他者文化并融汇进自己文化的同时，进行创新、发展，予以发扬光大。许多翻译家同时又是学者，他们在数学、天文学、医学、物理、化学等自然科学方面，以及地理、历史、哲学、文学、艺术等人文科学方面都取得了卓越的成就。

恩格斯说过："古代流传下欧几里得几何学和托勒密太阳系；阿拉伯流传下十进位、代数学的发端、现代数字和炼金术；基督教的中世纪什么也没有留下。"[①] 阿拉伯在世界自然科学发展史上的作用由此可见一斑。

中世纪的阿拉伯人不仅在自然科学方面留下了不可磨灭的功绩，在社会科学方面也同样留下十分丰富的文化遗产，成为世界文化宝库的重要组成部分。如在哲学方面，阿拉伯人的最大贡献是使希腊的哲学思想与伊斯兰教的观念熔为一炉。美国学者在评论这一点时曾说："中世纪伊斯兰教不朽的光荣，是伊斯兰教在人

---

① 恩格斯：《自然辩证法》，见《马克思恩格斯全集》第20卷，人民出版社，第363页。

拉斐尔的名作《雅典学院》，画中古希腊各哲学学派的代表者聚集在一个想象中的古希腊殿堂中

类思想史上初次胜利地使两件事物互相融合：一件是古代闪族世界最伟大的贡献——一神教，即单独的上帝观念；另一件是古代印度－欧罗巴世界最伟大的贡献——希腊哲学。伊斯兰教这样把基督教的欧洲引向现代的观点。"① 另一位美国学者也说："用阿拉伯文写作的穆斯林们，根据亚里士多德、柏拉图和其他希腊哲学家们的学说创立了一个阿拉伯学派，这个学派对中世纪欧洲的

---

① ［美］希提：《阿拉伯简史》马坚译，商务印书馆，1973 年版第 170 页。

基督教哲学家们具有深刻而明显的影响。"①

　　一位非阿拉伯人的东方穆斯林学者曾赞叹地说："沙漠里出生的阿拉伯人闪现出对知识的强烈渴望。黄金和宝石的财富，比起他们在学问上的成就，那是微不足道的。这无论在哲学、自然科学方面都是如此。数十年来，阿拉伯学者通过对数世纪作品的翻译成了文化巨匠。在知识领域里，他们不愧为希腊与波斯文明的真正继承人。"②

　　正如希提在《阿拉伯通史》一书中所说："阿拉伯人所建立的，不仅是一个帝国，而且是一种文化。他们继承了在幼发拉底河和底格里斯河流域、尼罗河流域、地中海东岸上盛极一时的古代文明，又吸收了而且同化了希腊－罗马文化的主要特征。后来，他们把其中许多文化影响传到了中世纪的欧洲，遂唤醒了西方世界，而使欧洲走上了近代文艺复兴的道路。在中世纪时代，任何民族对于人类进步的贡献都比不上阿拉比亚人和说阿拉伯语的各族人民。"③

　　德国女学者吉格雷德·洪克博士（Dr. Sigrid Hunke）也在《阿拉伯的太阳照亮了西方》（*Allahs Sonne Uber Dem Abendland Unser Arabisches Erbe*）一书中指出："西方的昌盛与复兴只是当它开始在政治、科学、贸易方面与阿拉伯人交往之后才开始的；

---

① 　[美]西德尼·内特尔顿·费希尔：《中东史》上册，姚梓良译，商务印书馆，1979 年版第 146 页。
② 　[巴基斯坦]赛义德·菲亚兹·马茂德：《伊斯兰教简史》，吴云贵等译，中国社会科学院出版社，1981 年版第 113 页。
③ 　[美]希提：《阿拉伯通史》上册，马坚译，商务印书馆，1979 年版第 2 页。

欧洲的思想是随着阿拉伯的科学、文学、艺术的到来才从持续了几世纪的沉睡中醒来，而变得更丰富、完美、健康、充实的。"①

在阿拉伯－伊斯兰文化的影响下，西方逐渐走出了黑暗的中世纪。14 至 16 世纪的文艺复兴是欧洲从中世纪封建社会向近代资本主义社会转变时期的一场伟大的思想解放运动，是"人类从来没有经历过的最伟大的、进步的变革"（恩格斯语）。17 至 18 世纪的"启蒙运动"是欧洲资产阶级和人民大众的又一次反封建的思想文化运动，是继文艺复兴之后的又一次思想解放。18 世纪中叶至 19 世纪末的欧洲工业革命则以资本主义的机械大工业代替了以手工为基础的工场手工业。它既是生产技术上的革命，又是社会生产关系的重大变革。1789 年法国的革命，1848 年欧洲的革命，则为资本主义的进一步发展扫清了道路……总之，自文艺复兴后的西方经过一系列的运动变革，在自然科学、社会科学的研究，社会发达、物质文明诸方面已走在了世界前列。

与此同时，中古时期显赫一时的阿拉伯大帝国及其灿烂的文化则是江河日下、今非昔比。自 1258 年阿拉伯帝国阿拔斯王朝灭亡，至 1798 年拿破仑攻占开罗，这段近古时期（其间又可分为两个阶段：① 1258 年—1517 年，被称之为蒙古－马木鲁克时代；② 1517 年—1798 年，被称之为奥斯曼－土耳其时代），阿拉伯大部分地区一直处于异族统治之下，是阿拉伯－伊斯兰文化的衰微时期：1258 年旭烈兀占领巴格达后，曾下令洗城 40 天，把书

---

① ［德］格雷德·洪克：《阿拉伯的太阳照亮了西方》（阿译本），贝鲁特世代出版社，1993 年版第 541 页。

籍焚毁或投入底格里斯河。蒙古军队所到之处，文化典籍几乎荡然无存。同时，在西方，阿拉伯人被逐出安达卢西亚。只有统治埃及、叙利亚和希贾兹地区的马木鲁克王朝（1250—1517）的首都开罗仍保持其光彩，成为文人聚集的文化中心。1517 年，马木鲁克王朝亡于土耳其人始建于 14 世纪初的奥斯曼帝国。此后，至 16 世纪中叶，阿拉伯各地相继落于土耳其人之手，成为奥斯曼帝国的行省。

反映旭列兀军队占领巴格达的画作，存于法国国家图书馆

1798 年，拿破仑入侵埃及，为阿拉伯近现代历史揭开了序幕。

实际上，18 世纪欧洲工业革命之后，欧洲国家凭借强大的经济和军事实力，开始向外大规模地进行殖民扩张。处于东西方之间的阿拉伯世界首当其冲地成了它们的侵略目标。

西方列强对处于奥斯曼帝国统治下的阿拉伯世界采取渗透、蚕食政策。至第一次世界大战前后，西方殖民主义者已基本完成了对整个阿拉伯世界的瓜分。它们划分了各自的势力范围，使阿拉伯各国或地区沦为它们的殖民地、半殖民地：埃及、苏丹、伊拉克、约旦、巴勒斯坦、也门和海湾地区属于英国的势力范围；属于法国势力范围的殖民地是马格里布（北非）地区的阿尔及利亚、摩洛哥、突尼斯，西亚的黎巴嫩、叙利亚是其委任统治地；利比亚则是意大利侵占的殖民地。

近现代的阿拉伯历史，实际上就是西方殖民主义对阿拉伯世界进行军事侵略、政治统治、经济掠夺、文化渗透的历史。同时也是阿拉伯世界各国人民反对西方

拿破仑一世画像，雅克－路易·大卫作，1812 年，存于法国国家美术馆

殖民主义侵略、压迫，为争取民族独立、解放而进行斗争的历史。因为正是西方帝国主义、殖民主义的侵略，它们与当地封建势力勾结起来对人民进行残酷的压迫、剥削，很自然地激起阿拉伯世界各地人民的民族觉醒，促使他们起来进行反帝、反殖民地化、反封建，争取独立、自由、民主的斗争。阿拉伯各国、各地区的民族解放斗争，直至第二次世界大战后阿拉伯各国独立前，此起彼伏，始终未断。

第二次世界大战反法西斯的伟大胜利，极大地鼓舞了阿拉伯世界各国人民，使他们纷纷挣脱殖民主义、帝国主义的锁链而相继独立。

第二次世界大战前，也门、埃及、沙特阿拉伯、伊拉克和阿曼等国已处于独立或半独立的地位；第二次世界大战期间，叙利亚和黎巴嫩获得了独立；1946年3月。英国承认外约旦独立；1950年4月，外约旦将约旦河西岸并入，改国名为约旦哈希姆王国；1951年，利比亚宣告独立；1956年，苏丹、摩洛哥、突尼斯相继独立；20世纪60年代，毛里塔尼亚、科威特、阿尔及利亚先后获得独立；20世纪70年代获得独立的有阿拉伯联合酋长国、巴林、卡塔尔等；1988年，巴勒斯坦宣告成立国家。

第二章
中阿往来关系史勾勒

唐代前的中阿交往

中国和阿拉伯之间的友谊同样源远流长。中阿两大民族之间的友好关系可以追溯到两千年前，即远在唐朝初年伊斯兰教创兴（622）之前。

汉武帝时，张骞（？—前114）"凿空"西域时，就闻知西方有一条支国，后汉和帝永元九年（97）西域都护班超曾派甘英出使西域，到过条支。《史记·大宛列传》《汉书·西域传》《后汉书·西域传》以及《拾遗记》《通典》等书中都有关于条支的记载。如《汉书·西域传》中写道："条支国临西海，暑湿，田稻。有大鸟，卵如瓮。人众甚多，往往有小君长，安息役属之，以为外国……"①《通典·条支》中则写道："……后和帝永元中，班超遣掾甘英使大秦，抵条支。临大海欲渡，而安息西界船人谓英曰：'海水广大，往来者逢善风，三月乃得渡。若遇恶风雨，亦有三岁者。'英闻而止。"文中的安息（前247—226）为古波斯王朝，西海即

---

① 《汉书·西域传》。

波斯湾，而汉朝所称的"条支"与其后唐朝所称的"大食"，都是古代波斯人称阿拉伯人为"Tāzī"的音译。当时是阿拉伯的贾希利叶（蒙昧）时期，阿拉伯人分属不同部落。其中有一较大的部落，称塔伊（Ṭayyi'），原在阿拉伯半岛南部，后由也门迁徙至半岛北部，居于希贾兹（旧译"汉志"）北部及伊拉克、叙利亚荒漠地区，与安息（古波斯）为邻，波斯人称他们为"Ṭāzī"，并用以泛称阿拉伯人。我国最早是通过波斯人了解阿拉伯的，故随他们称阿拉伯为"条支"或"大食"。

古代中国和阿拉伯交往的主要通道是举世闻名的"丝绸之路"和"香料之路"（亦称"海上丝绸之路"）。

唐代前，阿拉伯人曾在中国与西方的贸易中，起过重要的中介作用。中国的丝绸先运到巴格达东南约 32 公里的塞琉西亚（Seleukia）和泰西封（Ctesiphon）后，再分两路：一路经两河流域北部至安条克（Antiochia），再运往意大利等地；另一路经坐落在叙利亚沙漠中一块绿洲里的帕尔米拉〔PaImyra，又称塔德木尔（Tadmor）〕运到大马士革，为提尔〔Tyre，即推罗，今称苏尔（Sur）〕、西顿〔Sidon，今称赛达（Saida）〕等地的丝绸印染业提供原料。同时，中国的丝绸等商品还通过海上丝绸之路，先运到也门，除部分供本地需要外，大部分再沿阿拉伯半岛西部海岸北上，经麦加运到罗马（大秦）所辖叙利亚和巴勒斯坦，或转运至埃及等地。这一时期，中国和阿拉伯之间除这种间接的经济关系外，可能还有直接的经济往来，如阿拉伯的史地学家麦斯欧迪（又译马苏第，al-Mas'ūdī，？—956）就曾在其名著《黄

金草原》（*Murūj adh-dhahab wa Maʿādin al-Jawhar*）中提到中国
船只早在唐代以前 5 世纪时，就曾航行至幼发拉底河畔的希拉城
（al-Hillah），并与阿拉伯人进行贸易。[①]

帕尔米拉的古代街道

---

① ［阿］麦斯欧迪：《黄金草原》第 1 卷，开罗，1948 年，第 103 页。

唐代的中阿关系

唐朝，自公元 622 年伊斯兰教创兴后，中国与阿拉伯的关系进入一个新时期。约在公元 7 世纪中叶，伊斯兰教传入中国，从此，伊斯兰教成为联系中阿两大民族的重要纽带。阿拉伯人开疆拓域，使周边地区伊斯兰化，使大唐帝国和阿拉伯大帝国直接接壤。当时双方都有发展友好关系的愿望，加之双方经济文化的繁荣昌盛以及对外都实行开放政策，这一切都为中阿两大民族的密切交往提供了有利条件，打下了坚实基础。

据《旧唐书》《册府元龟》《资治通鉴》等典籍记载，在唐朝，自永徽二年（651）至贞元十四年（798）的 148 年间，阿拉伯帝国（如前所述，当时随波斯人音译称其为"大食"）曾遣使来华达 40 次之多。[①] 其中：四大正统哈里发时期（632—661）两次，伍麦叶王朝——我国史称"白衣大食"时期（661—750）18 次，阿拔斯王朝——我国史称"黑衣大食"时期 20 次。如：《旧唐书·大食传》载：

> 大食国本在波斯之西……永徽二年，始遣使朝贡。
> 其姓大食氏，名噉密莫末腻。自云有国已三十四年，历
> 三主矣。其国男儿，色黑多须，鼻大而长，似婆罗门。
> 妇人白皙。亦有文字。出驼马，大于诸国。兵刃劲利。
> 其俗勇于战斗。好事天神。土多沙石，不堪耕种。唯食

---

① 见江淳、郭应德：《中阿关系史》，经济日报出版社，2001 年版第 30 页。

驼马等肉……①

唐时，阿拉伯（大食）来华使节频繁。使节多携宝马和方物朝贡，中国皇帝也多以厚礼回赠。来者不乏假冒使节之名以贪图中国朝廷丰厚回赠的商人，亦有行商兼使节的。

公元750年（唐玄宗天宝九年）阿拉伯伍麦叶王朝为阿拔斯王朝取代。公元751年7月（唐天宝十年八月，伊历133年12月），阿拉伯阿拔斯王朝呼罗珊总督艾布·穆斯林（Abū Muslimal-Khurāsānī，？—755）应当时中亚石国（今塔什干）王子之求，派手下干将齐亚德·本·萨利赫（Ziyād bn Sālih）率军与唐朝的安西四镇节度使高仙芝部会战于怛罗斯（Talaz，地处今哈萨克斯坦江布尔城）。结果，唐军为大食军所败，这就是历史上著名的"怛罗斯之战"。但即使这种改朝换代和两国交兵，也未能影响阿拉伯向中国遣使通好。据史料记载，怛罗斯之战的第二年（天宝十一年，公元752年），阿拉伯阿拔斯王朝（黑衣大食）仍遣使来朝，而在天宝十二年（753）阿拉伯来华使节竟多达4次，且在天宝十二年七月那次，竟遣"二十五人来朝，并授中郎将，赐紫袍、金带、鱼袋"。② 唐天宝末年发生"安史之乱"，阿拉伯还应中国的请求，派兵来中国协助定乱。当时中阿之间的友好关系由此可见一斑。

---

① 见《旧唐书·西戎传》。文中"噉密莫末腻"即'amīr al-Mu minīn 之讹音。意为信士的长官，是穆斯林对哈里发的称谓，此处指第三任正统哈里发奥斯曼（'Uthmān bn' Affān，577—656）。文中谓"有国已三十四年"，与史实不符，当为三十年。

② 见《册府元龟》卷九七一、卷九七五。

当然，中阿之间的交往主要体现在民间。阿拉伯人自古就以擅长经商著称。阿拉伯商人多通过著名的海陆两条丝绸之路来华。在中国唐德宗贞元年间（785—805）宰相兼地理学家贾耽（729—805）著录《古今郡国县道四夷述》《广州通海夷道》，[①] 及原籍波斯的阿拉伯古代地理学家伊本·胡尔达兹比赫（Ibn Khurdādhbih，820—913）约于公元 846 年编成、885 年完成修订的《道里邦国志》（*Kitāb al-Masālik wa al-Mamālik*，[②] 从中阿两方面对这两条道路的路线和所经的主要地区、国家、城镇、山水、驿站、海域、岛屿、港口及里程等做了较详尽的记载和描述。如贾耽在《广州通海夷道》中详细地记录了自广州到波斯湾抵达大食的首都缚达（今巴格达）沿途的航线、航程、地名，以及有关大食的情况。伊本·胡尔达兹比赫则在《道里邦国志》中，详细地介绍了沟通阿拉伯世界与中国陆上交通的著名的呼罗珊大道：从巴格达向东北延伸，经哈马丹、内沙布尔、木鹿、布哈拉、撒马尔罕和锡尔河流域，与中国境内的交通线相接。书中还列举了从中国输往阿拉伯世界的商品有素绢、彩缯、金花锦（销金缎）、瓷器、麻醉药物、麝香、沉香木、马鞍、貂皮、肉桂、姜等。被誉为"百科全书式"的阿拉伯学者贾希兹（al-Jāḥiẓ，775—868）在其著作《商贸细察》（*Kitāb ai-Tabaṣṣur bi at-Tijārah*）一书中，曾开列出从世界各地贩运到巴格达的货物，其中提到从中国输入的货品有丝绸、瓷器、纸、墨、

---

① 见《新唐书·地理志》，参见白寿彝主编：《中国回回民族史》上，中华书局，2003 年版第 167 ～ 169 页；张星烺编注：《中西交通史料汇编》第 2 册，中华书局，2003 年版第 712 ～ 719 页，《贾耽记通大食海道》。
② 参见宋岘译注：《道里邦国志》，中华书局，1991 年版。

鞍、剑、肉桂、孔雀等。①

　　唐代，8世纪以来，经陆路来华的阿拉伯人大多居住在京城长安及西域城镇。当时的长安是一个世界性的都市，南亚、中亚、西亚的宗教、语言、音乐、舞蹈、美术、医药、建筑艺术等如潮水般地涌入，使长安成为各种域外文化汇集的中心。各国使节、游客、商贾云集，住在长安的外国人数以万计，其中有不少是阿拉伯人。长安西市为商胡贸易专区。20世纪60年代在西安郊区晚唐墓中曾出土三枚阿拉伯金币，分别铸造于阿拉伯伍麦叶王朝（白衣大食）时期的702年、718年和746年，金币随葬约当于公元8世纪下半叶至9世纪上半叶，应是当时中阿人民通过陆地丝绸之路往来最好的实证。②

　　大多数的阿拉伯商人是通过水路即"海上丝绸之路"来华的。据阿拉伯历史学家达尔吉尼（Abū al-ʿabbās Aḥmad al-Darjīnī，？—1229）编著的《谢赫的层次》（Ṭabaqāt al-Mashāyikh）一书记载，最早有名有姓来华的阿拉伯商人叫艾布·奥贝德·阿卜杜拉·本·卡赛姆（Ahū ʿubayd ʿabdal-Lāh bn al-Qāisim），是一个信奉伊斯兰教易巴德派（al-Ibāḍīyah）的阿曼谢赫。他于

---

① 参见周一良主编：《中外文化交流史》，河南人民出版社，1987年版第793页。张广达《海舶来天方　丝路通大食》注释18。陈炎：《海上丝绸之路与中外文化交流》之《阿拉伯世界在陆海丝路中的特殊地位》注释14，北京大学出版社，1996年版。
② 见夏鼐：《西安晚唐出土阿拉伯金币》，何汉南《西安市西窑头村唐墓清理记》，《考古》1965年第8期。

阿曼国的舒韦米耶干河

法国画家布朗热的作品《一千零一夜》（1873）

公元 8 世纪中叶乘木帆船来中国，买了沉香木等回国。[①] 当然，有些阿拉伯商人可能比他来华更早，只是名不见经传罢了。据考，最早通过海路来中国经商、侨居的阿拉伯人多为来自当时以苏哈尔（唐代古籍称"没巽"，宋代古籍称"勿巡"）为都城的阿曼（我国古籍译为"甕蛮"）。[②] 故而阿曼人认为，《一千零一夜》中那个曾七次航海旅行，并到过中国的传奇航海家辛伯达的原型是他们的祖先。因此，在阿曼国庆十周年，为重温阿拉伯与中国人民之间古代的友好关系，在阿曼政府的支持与资助下，一艘仿古的木质双桅三帆船"苏哈尔"号，全凭季候风鼓帆行驶，自 1980 年 11 月 23 日从阿曼首都马斯喀特起航，沿古代航线，历时 216 天，行程 5000 多海里，于 1981 年 6 月 29 日抵达中国广州，圆满地完成了预期的任务。[③] 此举不仅使古航道再次把中国和阿曼联系起来，而且不啻为中国与阿拉伯人民源远流长的传统友谊又添佳话，再谱新篇。

唐时，中阿来往贸易的港口，在阿拉伯世界除上述阿曼的苏哈尔外，古籍中提到的还有巴士拉（古译末罗）、伍布莱（al-'ubllah，古译乌剌，在阿拉伯河左岸，毁于阿拔斯王朝哈里发穆耳台米德

① 参见周一良主编：《中外文化交流史》，河南人民出版社，1987 年版第 793 页；张广达《海舶来天方 丝路通大食》注释 27，"谢赫"是阿拉伯文 "Shaykh"的音译，原义为长者、老人，是对宗教、部落领袖或王室成员等的尊称，可根据情况义译为"教长""酋长""长老"等。

② 参见《中国印度见闻录》，穆根来等译，中华书局，2001 年版第 24 页。

③ 李政：《沿着〈一千零一夜〉中辛伯达开辟的航道驶向中国》，《人民日报》，1981 年 7 月 5 日；马世琨、席林生：《现代辛伯达扬帆一万几千里》，《人民日报》，1981 年 7 月 7 日。

在位期间，870—892）、西拉夫（Sīrāf，古译尸罗夫，位于海湾东岸的商镇，现在伊朗境内，毁于977年地震）、巴林、亚丁（古译阿丹）。中国的商船可直通巴格达。巴格达有专卖中国丝绸和瓷器等货物的市场，亚丁也有中国商品。

亚丁港

通过海上丝路来华的阿拉伯商人多侨居于我国沿海的广州、泉州、扬州、明州（今浙江宁波）等港口城市。唐朝重视外商来华贸易，先后在上述城市设立市舶司。市舶司兼有管理海外贸易、税收和外事机构的性质。广州节度使、岭南节度使都负有招徕藩商、鼓励外贸的责任。当局采取优待外商政策，如唐文宗大和八年（834）曾颁布诏令，命有关节度观察使对藩客（外商）要"常加存问。除舶脚、收市、进奉外，任其往来通流，自为交易，不得重加率税"。[①]唐朝政府尊重阿拉伯商人的宗教信仰、风俗习惯，有些地方还建立了清真寺，当时称"礼堂"。"唐时，在中国的礼堂，相传有两个。一个在长安，即现在大学习巷的礼拜寺；一个在广州，即怀圣寺"。[②]

唐朝对外商采取的种种优惠政策和有利条件，使来华经商侨居或定居于沿海商埠的阿拉伯人（包括当时阿拉伯帝国所辖的波斯人）越来越多，数以万计。据《旧唐书·邓景山传》载，唐肃宗上元元年（760）田神功讨伐刘展时，扬州"大食、波斯贾胡死者数千人"。[③]阿拉伯文典籍《中国印度见闻录》（'akhbār aṣ-Sin wa al-Hind）在记述 9 世纪 70 年代末黄巢起义攻陷广州时称："仅寄居城中经商的伊斯兰教徒、犹太教徒、基督教徒、拜火教徒，

---

① 唐文宗：《大和八年疾愈德音》，见《全唐文》卷七五。
② 白寿彝：《中国回回民族史》上，中华书局，2003 年版第 178 页。
③ 参见《邓景山传》（《旧唐书》卷一一〇，《新唐书》卷一四一）；《田神功传》（《新唐书》卷一四四）。

就总共有十二万人被他杀害了。"[1] 当时在广州的阿拉伯（大食）人之多，由此可见一斑。

《中国印度见闻录》是最早较详细地报道中国情况的阿拉伯文著作。书分两卷：卷一为佚名作者根据一个名叫苏莱曼（Sulaymān）的阿拉伯来华商人归国后的叙述，于伊历 237 年（约 851—852）编写成的游记。卷二的作者是移居巴士拉的西拉夫人阿布·萨义德·斯拉菲（Ahū Saʿīd as-Sīrāfī）。阿布·萨义德·斯拉菲本人虽没有到过印度、中国，但他在研读该书卷一的基础上，又广泛地收集海员和来华人士的见闻，听取他们的叙述，进行整理、注释，约于公元 916 年编写成卷二。《中国印度见闻录》介绍了中国当时的一些风土人情、生活习惯、宗教信仰、婚丧习俗、行政管理、司法诉讼、税收制度、货币制度、经贸政策以及穆斯林商旅在华的情况等，并常将中国、印度和阿拉伯 – 穆斯林的一些风物、习俗进行对比。如书中说："商人苏莱曼提到，在商人云集之地广州，中国官长委任一个穆斯林，授权他解决这个地区各穆斯林之间的纠纷，这是照中国君主的特殊旨意办的。每逢节日，总是他带领全体穆斯林做祷告，宣讲教义，并为穆斯林的苏丹祈祷。"[2] "据说，中国有二百个府城：每个府城都有其王侯和宦官，并有其他城市隶属于它。广府就是其中一例，广府是个港口，船只在那里停泊，另有其他二十个城市归于广府管辖。""他们使用铜钱交易。

---

① 《中国印度见闻录》，穆根来等译，中华书局，2001 年版第 96 页。《中国印度见闻录》（又译《苏莱曼东游记》），刘半农、刘小蕙译，1937 年由中华书局出版。

② 《中国印度见闻录》，第 7 页。

他们有着其他国王所有的那样的国库。但除他们外，没有别的国王占有铜币，因为这是他们的国币。他们拥有黄金、白银、珍珠、锦缎和丝绸。尽管这一切极为丰富，但仅仅是商品，而铜钱则是货币。"① "中国人比印度人好看得多，在衣着和所使用的牲畜方面更像阿拉伯人。中国人的礼服很像阿拉伯人衣着。他们穿长袍、系腰带，而印度人不分男女，一律披两块布当衣服，另戴金手镯和首饰做装饰。"②

伊斯兰教先知穆罕默德曾说："学问即使远在中国，也应去求！"遵照这一教导，当时从阿拉伯来华的不仅有商人，亦有专程到来求知、游历的友好人士。在《中国印度见闻录》中提到的巴士拉人伊本·瓦哈布（Ibn al-Wahāb al-Basrī）就是其中一个突出的例子。这位伊本·瓦哈布与伊斯兰教先知穆罕默德同宗，都是古莱氏部族人。伊历 257 年（870—871）巴士拉发生动乱，他离开巴士拉到西拉夫，乘商船来到中国广州，后又前往长安，于公元 876 年谒见皇帝唐僖宗。书中说："皇帝召见了我，向我打听阿拉伯的情形，还问到阿拉伯怎样打败波斯王。"书中提到，皇帝从一个匣子中取出一些画卷，其中有诺亚（努哈）、摩西（穆萨）、耶稣（伊萨）、穆罕默德以及中国、印度等地的先知的画像，让伊本·瓦哈布一一辨认。皇帝还向他问及有关伊斯兰教教规和信条方面的事情。他也向皇帝表示："我将把亲眼所见的事实，如皇帝陛下的威严、贵国土地的广大等等，传扬出去；把一切美

① 《中国印度见闻录》，第 14、15 页。
② 同上，第 25 页。

好的东西，传扬出去；把（我领受的）一切盛情厚意，再三向人们诉说。"伊本·瓦哈布访华的故事，无疑又是一段古代中阿友谊的佳话。①

阿拉伯书法书写的穆罕默德之名

阿拉伯著名的史地学家麦斯欧迪曾于伊历 303 年（915 年 7 月 17 日—916 年 7 月 4 日），在巴士拉见到《中国印度见闻录》补编的作者阿布·萨义德·斯拉菲，并从他那里得悉各种有关情况。因此，《中国印度见闻录》中很多有关中国的信息，我们也会在麦斯欧迪所著的《黄金草原》一书中读到。

至于中国唐代确曾到过阿拉伯地区，且对该地区做过较详细介绍的是杜环。杜环，唐京兆万年（今陕西西安）人，是唐史学家、《通典》作者杜佑（735—812）的族子。天宝十年（751），他作

---

① 伊本·瓦哈布访华的故事可参见《中国印度见闻录》，第 102 ～ 107 页。

为随军书记，随高仙芝兵败怛罗斯，被阿拉伯（大食）军俘往今伊拉克境内。他在库法（al-Kūfah）等地滞留达12年之久，于唐肃宗应宝元年（762）方搭乘一艘商船回国。他根据以前的临时笔记将自己被俘前后的亲身经历、见闻撰述成书，名《经行记》。可惜原书已佚，幸在《通典》一九二、一九三两卷的附注中留有1500余字，尚能反映出当时阿拉伯（大食）等地区的情况。如《通典》卷一九三引《经行记》说：

> 此处其士女瑰伟长大，衣裳鲜洁，容止闲丽。女子出门，必拥蔽其面。无问贵贱，一日五时礼天。食肉作斋，以杀生为功德。系银带，佩银刀。断饮酒，禁音乐。人相争者，不至殴击。又有礼堂，容数万人。每七日，王出礼拜，登高坐为众说法曰："人生甚难，天道不易。奸非劫窃，细行谩言，安己危人，欺贫虐贱，有一于此，罪莫大焉。凡有征战，为敌所戮，必得升天。杀其敌人，获福无量。"……其大食法者，

唐肃宗

> 以弟子亲戚而作判典，纵有微过，不至相累。不食猪、狗、
> 驴、马等肉，不拜国王父母之尊，不信鬼神，祀天而已。
> 其俗每七日一假，不买卖，不出纳……其俗礼天，不食
> 自死肉及宿肉。

上述引文实际上是介绍了阿拉伯穆斯林的习俗、风土人情、伦理道德、价值观念。其中包括伊斯兰教（唐时称"大食法"）的基本信仰和应遵奉的一些基本规矩，如唯拜真主一神，每日做五次礼拜、每七日（星期五——聚礼日）放一次假，是日人们要到清真寺集体做礼拜，听教长（伊玛目）登坛宣教，斋月把斋，开斋时可吃肉，开斋节和宰牲节要宰牲，并与亲友、穷人分享，禁止吃猪狗驴马肉，禁食自死肉，禁饮酒，参与圣战，获福无量，等等。"就唐宋两代关于回教（伊斯兰教）教义的汉文记录来看，《经行记》是最早的也是最好的。"① "此种记载，在唐以后中国书中言回教（伊斯兰教）者，实未见有此清楚。"②

《经行记》也提及当时库法城物产丰富、经济繁荣的景象："郛郭之内，里閈之中，土地所生，无物不有。四方辐辏，万货丰贱，锦绣珠贝，满于市肆。驼马驴骡，充于街巷……"此外，我们在杜环的《经行记》中还可以看到，当时在阿拉伯（大食）的华侨中还有画师、金银匠、织丝工匠等。

阿拉伯典籍中也有关于当时中国人在阿拉伯帝国的记载。如

---

① 白寿彝主编：《中国回回民族史》上，中华书局，2003 年版第 177 页。
② 陈垣：《回回教入中国史略》，转引自白寿彝主编《中国回回民族史》上，中华书局，2003 版第 708 页。

伊本·纳迪姆（Ibn an-Nadīm al-Warāq，？—1000）在其传世名著《书目》（988）中就曾提到有个中国人在阿拉伯的著名医学家拉齐（ar-Rātzī，864—932）家中住了一年，学习了五个月的阿拉伯语，能讲阿拉伯语，还会书写。临别时，他还听写下拉齐及其弟子读的古罗马医学大师加伦（Galen，129—199）的医学著作。[1]

拉齐 加伦

宋代的中阿关系

宋代（960—1279）中国与阿拉伯的关系进一步发展。据陈垣先生统计，"由辽天赞三年（924）至宋开禧间（1207），凡二百八十四年，正式遣使见于记载者三十九次。""宋与大食之通使多由海道。辽与大食之通使，多由陆路。"[2] 而据白寿彝先生

---

① 伊本·纳迪姆（Ibn an-Nadīm）《书目》（al-Fihrist），埃及开罗版第25页。
② 陈垣：《回回教入中国史略》，转引自白寿彝主编：《中国回回民族史》上，中华书局，2003年版第711页。

统计："自开宝元年到乾道四年（968—1168）二百年间，大食人之进贡，有明文可考者，共四十八次，差不多平均四年总有一次朝贡。"①

宋朝政府十分重视国际贸易，对外商的政策比唐朝更为宽厚，国际贸易较之唐代更趋繁荣。因此，来华的阿拉伯商人比唐朝人更多，地区也更广，其势力居外商（蕃商）之首位。据南宋的周去非在其撰于1178年的《岭外代答》中称："诸蕃国之富盛多宝货者，莫如大食国。"②据史料考证，当时大食巨商，不乏有名可指的人，如蒲希密、辛押陁罗、蒲亚里、尸罗围、蒲罗辛等。"宋时，在中国的巨商，不限于大食商人。但就巨商有名可考者之多，及其地位之重要来说，不能不说以大食商人为第一。这一点，也可以使我们看出大食商人在蕃商中之居有领导的地位。"③

宋时，阿拉伯到中国的商船，多从也门的亚丁或阿曼的苏哈尔起航，运来的商品可分三大类：香药、犀象和珍宝。香药是指香料和药品，犀象是指犀角和象牙，珍宝则包括珍珠、珊瑚、砗磲、玻璃、琉璃等。其中尤以香药为人所重，如乳香、龙涎香、苏合香油、蔷薇水、蕃栀子、木香、没药、丁香、金颜香、安息香、肉豆蔻、檀香等。宋时的香料，以乳香之用为最广。宋政府对于乳香，常为大量的收买，对于乳香贸易常做特别的奖励。而据考证："乳香贸易几全握在大食人手中。""我们相信大食人因乳香业之独霸，

---

① 白寿彝主编：《中国回回民族史》上，中华书局，2003年版第268页。
② 周去非：《岭外代答·大食诸国》。
③ 同①，第259～262页。

粉色珊瑚

已足使他们的香料贸易在宋时南海贸易中，获得领袖的地位。此外更加上药物和犀象、珍宝，大食商人的商业地位之更为巩固，是不待言的。"①1974 年 8 月，在我国福建泉州港东南的海底，发现了一艘古代阿拉伯沉船。船体长 24.25 米、宽 9.15 米，舱内还留有来自阿拉伯和波斯的香水、药材、檀香、水银等物。据考证学家验证，这是 12 至 13 世纪阿拉伯航海、医学、商业发展鼎盛时期的一艘东渡商船。②

阿拉伯商人多聚居广州、泉州、明州（宁波）、杭州等地，仍像唐朝一样，自立蕃坊。蕃坊有时亦称"蕃巷"或"蕃人街"，有蕃长，是从大食人或其他外国人中简选，由中国当局任命的。他们"巾袍履笏如华人"，穿中国官服，负责管理蕃坊事务，并招揽外商来华贸易，其办公的地方称蕃长司。蕃坊中同类相犯，由蕃长按伊斯兰教法处理，官

① 白寿彝主编：《中国回回民族史》上，中华书局，2003 年版第 292 页。
② 见周年：《阿拉伯医学在中国》，《阿拉伯世界》1985 年第 3 期。

方并不过问。

为了便于进行宗教活动，穆斯林社区内建有清真寺。除据说是建于唐代（至晚也不会晚于宋代）的广州的"怀圣寺"外，北宋真宗大中祥符二年（1009，伊历400年）。阿拉伯（大食）穆斯林在泉州城东南建"圣友寺"；南宋高宗绍兴元年（1131）西拉夫港人纳只卜·穆兹喜鲁丁（Najīb Muzhiru ad-Dīn as-Sīrāfī）亦在泉州南城建"清净寺"；也门穆斯林在泉州也建有清真寺；南宋恭帝德祐元年（1275），据说是穆斯林的先知穆罕默德的第十六世孙巴哈丁（Bahā u ad-Dīn），在扬州建"仙鹤寺"。

清净寺，位于中国福建省泉州市，是全国重点文物保护单位

仙鹤寺内一角

在华的穆斯林不仅建有清真寺，而且还有根据穆斯林的习俗修建的、他们颇为重视的归真后下葬的墓地。从林之奇的《拙斋文集》卷一五《泉州东坂葬蕃商记》、南宋方信儒的《南海百咏》、周密《癸辛杂识》续集上《回回送终》等可看出当时在泉州、广州、杭州都有穆斯林的公墓。此外，扬州有巴哈丁墓，海南三亚地方也有穆斯林古墓群。①

———

① 杨怀中、余振贵主编：《伊斯兰与中国文化》，宁夏人民出版社，1995年版第74页。

杭州巴哈丁墓群

宋代内容述及当时海外贸易、阿拉伯等国风土民情和山川物产的最佳著作，当数前已提到的南宋孝宗隆兴元年（1163）的进士周去非的《岭外代答》与宋太宗八世孙赵汝适的《诸蕃志》。两书的问世是与宋代国际贸易高度发展、中国同阿拉伯各地人民密切友好往来分不开的。两书对阿拉伯诸国皆有较详细的记载，是研究中外，特别是中阿关系的重要史料。如《岭外代答》中说："大食之地甚广，其国甚多，不可悉载。"[①]"大食者，诸国之总名也。有国千余所，知名者特数国耳。"书中还阐述了当时优惠外商的一些措施，如："沿海州郡类有市舶。国家绥怀外夷，于泉广二州置提举市舶司。故凡蕃商急难之欲赴诉者，必提举司也。岁十月，提举司大设蕃商而遣之。其来也，当夏至之后。提举司征其商而复护焉。"[②]《诸蕃志》是赵汝适于南宋嘉定至宝庆年间（1208—1227）提举福建市舶司时写成的。书中在述及大食国（指阿拉伯大帝国）时写道："其国雄壮，其地广袤，民俗侈丽，甲于诸蕃。""民居屋宇与中国同，但瓦则以薄石为之。民食专仰米谷，好嗜细面蒸羊。贫者食鱼菜……"作者还分别介绍了当时帝国所辖的一些属国、首都、名城，如麻嘉国（麦加）、瓮蛮国（阿曼）、白达国（巴格达）、弼斯罗国（巴士拉）、勿厮离国（埃及）等的情况。

这一时期，阿拉伯文典籍中介绍中国最好的当数阿拉伯著名旅行家、地理学家伊德里西（al-Idrīsī，1100—1166）的《心驰神往浪迹四方》

① 周去非：《岭外代答·海外诸蕃国》。
② 周去非：《岭外代答·大食诸国》。

（俗称《地理书》，*Nuzhah al-Mushtātq fi lkhtirāq al-'āfāq*）。伊德里西生于摩洛哥的休达，曾在安达卢西亚（今西班牙）的科尔多瓦学习，精通天文、地理、医学、哲学、诗歌。他曾游历过希腊、罗马、埃及、马格里布（西北非）、英、法诸国。西西里岛诺曼王国（当时属阿拉伯帝国所辖）国王罗杰二世（Roger Ⅱ of Sicily，1095—1154）邀他访问西西里，并将他置于自己的庇护下，在巴勒莫工作。《心驰神往浪迹四方》就是他题赠罗杰二世的，写于1153年至1154年间（南宋高宗绍兴二十三至二十四年）。书中有多处有关中国的叙述，称：中国地域广阔，人口众多。国王号称"天子"（Baghbūgh），为人聪明谨慎，有威有势。中国的宗教与印度相同，略有差异。技艺之中，尤以绘画及制造瓷器二者为精良。

伊德里西在《罗吉尔之书》中绘制的地图，藏于法国国家图书馆

西西里国王罗杰二世

有良港多处，大多位于河口。船舶欲入港者，皆须由海溯河上行若干里，才能到达。各港皆人烟稠密，商业兴隆。财产保险，至为稳妥，无丧失之虞。最大的港口称康府（Khānfū，据考，系指广州）。西方各国的贸易，以此为终点。[①]

元代的中阿关系

元代（1271—1368）时，曾使阿拉伯－伊斯兰文化达到鼎盛并使其彪炳于世的阿拉伯阿拔斯王朝已被蒙古旭烈兀率军所灭，同一时期，在西方，阿拉伯人被逐出安达卢西亚。这段近古时期，阿拉伯虽已衰微，但中国与阿拉伯之间的来往关系、海陆交通并未减弱，相反，倒进一步发展，臻于极盛。这是因为蒙古族统一中国后，中国与中亚、西亚诸国已在蒙古人统治的一体之内，陆海两条丝绸之路发达，东西交往畅通，人员来往频繁，使伊斯兰教在中国进入全面发展的新阶段。正如我国著名历史学家白寿彝先生所说："公元 1218 年，成吉思汗开始西部亚细亚之远征。此在西亚诸回教国及中国回教，均为新时代之发端。在前者，为由繁华安乐转向于残酷之悲运，在后者则为由萌芽时期转入于兴盛时间。东西相映，已为一奇特之对照；而尤为奇特者，则为中国回教之发达正由于西亚回教国之残破，盖因西亚回教国之残破，遂有不可名数之回教人因被掳或降附，先后随蒙古人以东来。而

---

① 见 http//www.alwaraq.com 网站。伊德里西（al-Idrīsī）：《心驰神往浪迹四方》（*Nuzhat al-Mushtāqfī Ikhtirāq al-'āfāq*），参见张星烺编注：《中西交通史料汇编》第 2 册，中华书局，2003 年版第 795 ～ 796 页。

成吉思汗陵

蒙古人西征后，中西交通大辟，回教人之来中国经商或求仕者，其数字亦不在少。此种大量回教人之东来，及其东来后之种种活动及遭遇，实可使中国回教有新的发展。"① 文中的回教国，系指当时阿拉伯大帝国所辖的信奉伊斯兰教的诸国、诸地区；回教人系指穆斯林，而并非只是回族。如我国十个信奉伊斯兰教民族之一的撒拉族，就是已信仰了伊斯兰教的撒劳尔部落（属西突厥

---

① 白寿彝：《中国伊斯兰史存稿》，宁夏人民出版社，1983 年版第 170 页。

乌古斯部）的部分人，于元代由今土库曼斯坦撒劳尔部落地区经撒马尔罕迁来我国循化地区而形成的。[1] 元朝初期东来的穆斯林，大部分是蒙古大军西征后被掳掠来的士兵、工匠和妇孺百姓。诚如《世界征服者史》作者所说：“但在今天，许多真主的信徒已朝那边迈步，抵达极遥远的东方国家，定居下来，在那里成家，以致多不胜数。”[2]

元朝政府很重视海外贸易。元世祖忽必烈承袭宋制，于广州、泉州、上海、杭州、澉浦、温州、庆元（今宁波）设市舶司。1277 年，元世祖攻占南宋闽浙沿海的商业城市后，即招降并重用在南宋任泉州市舶提举久有经验的阿拉伯大商人蒲寿庚，提升他为福建行省中书左丞，负责为元招抚海外各国与元通商。“元以寿庚有功，官其诸子若孙，多至显达。”[3] 1278 年（至元十五年），元世祖曾下诏让蕃舶“往来互市，各从所欲”。[4] 此外，元朝政府还从 1285 年起，采取“官本船”政策推动海外贸易。所谓“官本船”，就是“官自具船给本，选人入蕃贸易诸货，其所获之息，以十分为率，官取其七，所易人得其三”，[5] 市舶条。从而也促进了海外贸易的进一步发展。

元代及其以前来华的阿拉伯商人，以及从西亚、中亚迁到中

---

① 见《文史知识》编辑部、国务院宗教事务局宗教研究中心编：《中国伊斯兰文化》，中华书局，1996 年版第 40 页。
② 志费尼：《世界征服者史》，何高济译，内蒙古人民出版社，1980 年版第 12 页。
③ 何乔远：《闽书》卷一五二。
④ 《元史·世祖本纪》。
⑤ 《元史·食货》

国的阿拉伯人，有很多在中国安家落户。这些人也成为以后形成
中国回族的重要来源之一。当时西域（系指西亚、中亚地区）来
华的穆斯林数量超过以往朝代。这是因为蒙元帝国对宗教采取兼
容并包政策。成吉思汗曾颁布法令：杀一个穆斯林，罚黄金 40 巴
里失。[1] 元朝初期来华的穆斯林的政治地位仅次于蒙古人，"即其
地位较蒙人为下，较汉人为高……除若干极特别之情形外，每每
与蒙古人享受同等之待遇"。[2] 元朝政府在官方文书中，把这些穆
斯林称为"回回"。在元朝时，"回回"已经成为一个新的民族，
是中华民族大家庭中的一员。他们不仅居住在大城市和沿海港口，
而且已遍于各地，"今回回皆以中原为家，江南尤多"，[3] 以至于《明
史》中有"元时回回遍天下"之说。

　　元代，来华的阿拉伯人中，还有一些上层人士。其中尤以咸阳
王赛典赤瞻思丁（as-Sayyid Shams ad-Dīn ʿūmar，1211—1279）
最为著名。他原籍布哈拉，据称是伊斯兰先知穆罕默德的后裔，
元太祖成吉思汗西征时归服，任太祖帐前侍卫，随从征伐，历任
要职，官至平章政事（相当于副丞相，为地方最高长官，兼管民
政与军政），最后执政于云南。他是一位干练的理财家、出色的
政治家，为元代政权建设、经济繁荣、文化昌盛和民族和睦作出

---

① 《多桑蒙古史》：冯承钧译，第 2 卷，中华书局，1962 年版第 20 页。
② 李兴华、冯今源编：《中国伊斯兰教史参考资料》上册，宁夏人民出版社，
1985 年版第 172 页。
③ 周密：《癸辛杂识》续集上。

赛典赤瞻思丁墓

了巨大贡献。^①事实上，据《元史·宰相表》《新元史·宰相年表》记载，回回人（穆斯林）在元朝朝廷担任重要职务者，有右丞相 1 人、左丞相 3 人、平章政事 11 人。又据《元行省丞相平章政事年表》及《新元史·行省宰相年表》记载，回回人（穆斯林）在地方政府担任重要职务者，有丞相 3 人、平章政事 23 人。^②元朝穆斯林的政治地位由此可见一斑。

元时，随着阿拉伯阿拔斯王朝的覆灭、帝国的解体，大批阿

---

① 《元史·赛典赤瞻思丁传》，参见白寿彝主编《中国回回民族史》下，中华书局，2003 年版第 769～812 页；杨怀中《赛典赤瞻思丁》，中华书局，2003 年版。

② 参见杨怀中、余振贵主编：《伊斯兰与中国文化》，宁夏人民出版社，1995 年版第 91～93 页。

拉伯穆斯林来华，他们对中国文化的影响也功不可没。其中最值得称道却鲜为人知的是也黑迭儿丁（Ikhtiyār ad-Dīn）。

也黑迭儿丁是著名的建筑家，元大都（今北京城）宫殿和宫城的设计者和工程的组织者。诚如著名历史学家陈垣先生所说："……今人游北京者，见城郭宫阙之美，犹辄惊其巨丽，而孰知筚路蓝缕以启之者，乃出于大食国人也。也黑迭儿丁虽大食国人，其建筑实汉法。"[①]也黑迭儿丁深得元世祖忽必烈的信任，于中统元年（1260）掌管茶迭尔局（即管理土木工程及其工匠的官署）。至元元年（1264），他负责修建琼华岛（即今北海公园前身），至元三年（1266）琼华岛的广寒殿竣工。同年十二月，他奉命与他人同行工部尚书事，修建宫城。至元十一年（1274），元大都主体工程宫城宫殿竣工。在这一宏伟的工程中，也黑迭儿丁倾注了全部的智慧和精力。

1900年的琼华岛

---

① 陈垣：《元西域人华化考》下册，《燕京学报》1927年第2期。转引自江淳、郭应德：《中阿关系史》，经济日报出版社，2001年版第94页；白寿彝主编：《中国回回民族史》下，中华书局，2003年版第816页，杨怀中《也黑迭儿丁》。

元代，中国去阿拉伯世界访问最著名的是航海家汪大渊，阿拉伯来华的则是最著名的旅行家伊本·白图泰（Ihn Baṭūṭah，1304—1377）。

汪大渊原籍江西南昌，字焕章，约生于1311年（元武宗至大四年），[①]自幼喜爱旅游，约于1330年（元文宗至顺元年）至1334年（元顺帝元统二年）、1337—1339年（元顺帝至元三至五年），曾两度浮海远行，遍游亚、非印度洋沿岸各地，行踪所至远胜前人。据考，他曾到过沙特阿拉伯的麦加（天堂，据此可知他应为回族穆斯林）、[②]也门的亚丁（哩伽塔）、伊拉克的巴士拉（波斯离）、埃及的杜姆亚特（特番里）、摩洛哥的丹吉尔（挞吉那）等阿拉伯世界各地。他于1349年（元顺帝至正九年）将自己的两次远游见闻撰写成《岛夷志略》一书。全书一百条目，"涉及国家和地区达二百二十余个，为上承宋周去非《岭外代答》、赵汝适《诸蕃志》，下接明马欢《瀛涯胜览》、费信《星槎胜览》等书的一部重要著作，且其重要性更超过了宋明著作，原因在于周去非、赵汝适之作，究系凭耳闻而不是亲历，汪大渊前后两下东西洋，其游历之广远，在清代中叶以前，可居前列。他在书中写的一百条，绝大部分与其游踪有关。正如《四库全书总目》所评价的，诸史外国列传秉笔之人，皆未尝亲历其地，即赵汝适《诸蕃志》之类，亦多得于市舶之口传，大渊此书，则皆亲历而手记之，究非空谈

---

① 汪大渊原著、苏继庼校释：《岛夷志略校释·叙论》，中华书局，1981年版第9页。

② 括号前是现代通译名称，括号内为《岛夷志略》所写名称，下同。

无征者比。"①《岛夷志略》在描述麦加时说"气候暖，民俗好善。
男女辫发，穿细布长衫，系细布梢。地产西马，高八尺许"；②述
及巴士拉时则说"关市之间，民比居如鱼鳞。田宜麦禾。气候常冷。
风俗侈丽。男女长身，编发。穿驼褐毛衫，以软锦为茵褥。烧羊
为食"，③都颇为准确。

反映杜姆亚特围攻战的油画

---

① 汪大渊原著，苏继庼校释：《岛夷志略校释》，中华书局，1981 年版第 2、
3 页。
② 同上，第 352、353 页。
③ 同上，第 300、301 页。

伊本·白图泰生于摩洛哥的丹吉尔。1325 年始，他曾三次出游，历时 28 年，旅程长达 12 万公里，足迹遍及北非、东非、西非、安达卢西亚、阿拉伯半岛及西亚、中亚、南亚各地。1354 年，由其口述旅途经历、见闻，经摩洛哥素丹的秘书穆罕默德·伊本·朱宰（Muhammad Ibn Juzayy）记录整理成《旅游列国奇观录》（*Tuḥfah annuzz ār fī gharāib al-amṣār wa'ajā'ib al-asfār*）一书，又称《伊本·白图泰游记》（*Riḥlah Ibn Baṭūṭah*）。书中记述了所到各地的风土人情、社会风俗和传说。其中有真实的见闻，亦有虚构的成分。文笔生动，引人入胜。它既是一部研究当时各国史地、社会风貌的重要参考书，也是一部文学名著。伊本·白图泰于元朝末年——1345 年（伊历 746 年，元顺帝至正五年）到达中国，去过广州、泉州、杭州、北京等地，在华历时约一年之久。[①] 伊本·白图泰在游记中对当时中国的一些风土人情多有记述。书中称赞中国地大物博，举世无与伦比。他赞扬了中国人民的聪明智慧。游记对中国的白糖、瓷器、丝绸、煤炭等的质地、制造过程，货币的发行与流通，船舶的类型与构造，中国与阿拉伯、印度、波斯等地的贸易，泉州、广州、杭州等地的繁荣景象，元政府对外贸、外商的组织、管理，严明的法治，社会生活的安定，乃至中国人绝妙的绘画天才、令人称奇的魔术表演……都有详细的描述。书中特别描述了他在各地见到的在华穆斯林安居乐业的生活状况，游记

---

① 参见沈福伟：《中国与非洲——中非关系二千年》，中华书局，1990 年版第 406 ~ 422 页。一说伊本·白图泰约于 1347 年（元顺帝至正七年）到达中国，但未到过北京。参见张星烺编注《中西交通史料汇编》第 2 册，中华书局，2003 年版第 603 ~ 664 页。

中提到的某些穆斯林人名，竟能在中国的一些记载中查到，足以证明游记内容的真实性。游记作者常将他在中国的见闻与埃及、摩洛哥等阿拉伯－伊斯兰国家的状况进行比较，指出异同之处。游记中还不时流露出伊本·白图泰对中国官方与民间对他热情接待的感激与怀念之情。《伊本·白图泰游记》一书在阿拉伯世界妇孺皆知，是一部宝贵的传世之作。其中有关中国部分，是中阿友好的见证，对加深阿拉伯人民了解中国，增进中阿友谊，起了很大作用，是研究中阿关系史的重要文献。[1]

明代中阿交往

明朝（1368—1644）初年，明太祖朱元璋（1368—1398 在位）依仗强大国力，在对外关系方面实行怀柔政策，即位之初，就派遣使臣携带诏书，四处宣谕海外诸邦，令其尊事中国；还在南京建筑多处宾馆、酒楼，供外宾休息娱乐；又特设四夷馆，以培养翻译人才；建会同馆，负责接待外宾。明成祖朱棣（1402—1424 在位）"锐意通四夷"，派出多批官员出使南洋各国，又于沿海省区设驿馆招待贡使；并"命浙江、福建、广东市舶提举司，凡外车朝贡往来使臣，皆宴劳之"。[2] 对一些慕名远来的商人免于征税，

---

[1] 阿拉伯原文见 http//www.alwaraq.com 网站，《伊本·白图泰游记》（*Rihlah Ibn Batūtah*）中文译本可参见马金鹏译《伊本·白图泰游记》，宁夏人民出版社，1985 年版。亦可参见张星烺编注《中西交通史料汇编》第 2 册，中华书局，2003 年版第 603 ～ 664 页。

[2] 《明成祖实录》卷四一。

以揽外商。

明初，政府对同外国交际的重视，种种相应的政策与措施使中阿海陆交往非常频繁。"据不完全统计，明一代，阿拉伯各国遣使中国达 40 次以上。有的来自伊斯兰教的圣城麦加和麦地那，有的来自更加遥远的木骨都束（摩加迪沙）和埃及，有的留居中国数年不归"。[①]

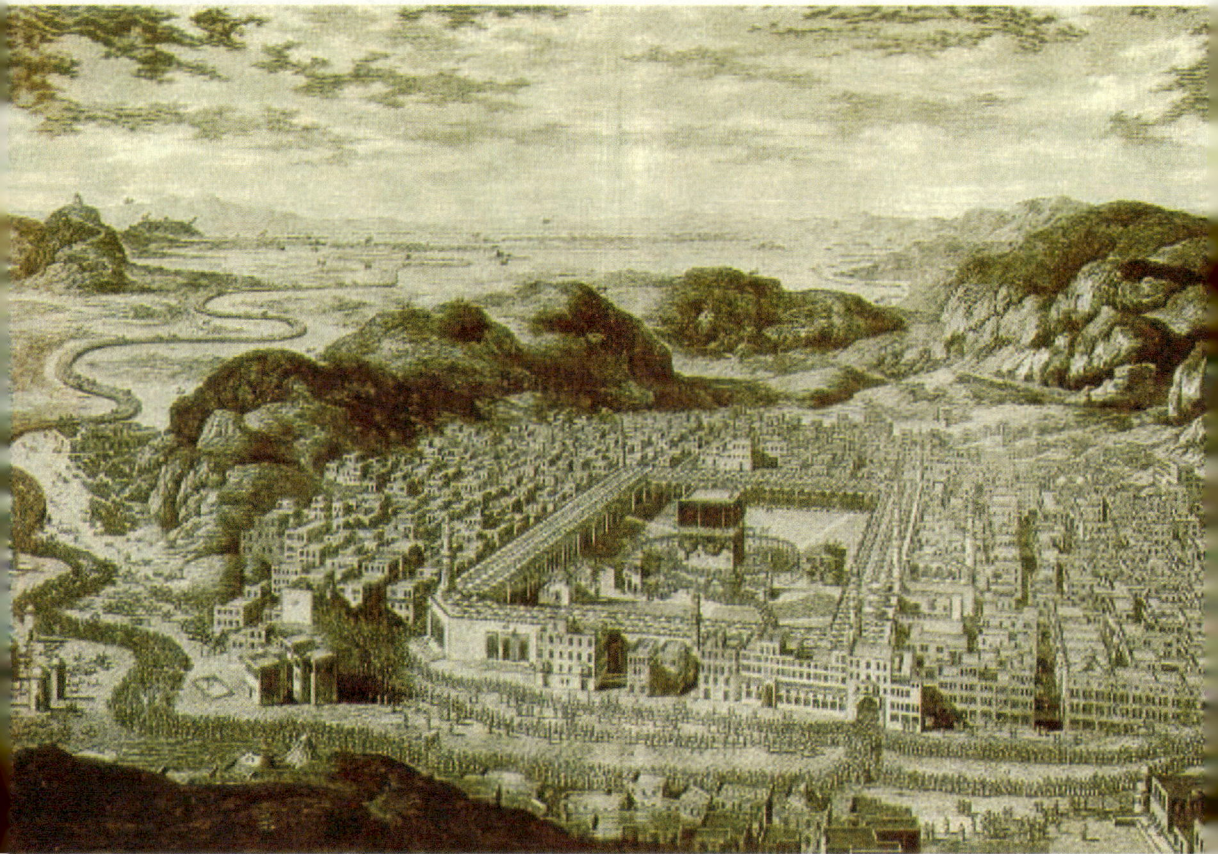

1850 年的麦加

---

① 江淳、郭应德：《中阿关系史》，经济日报出版社，2001 年版第 105 页。

明初，统治者对以回族为主的穆斯林也采取怀柔政策。传说明太祖朱元璋曾敕建清真寺，并御书《百字赞》褒颂伊斯兰教和穆罕默德，全文如下：

乾坤初始，天籍注名。传教大圣。降生西域。受授天经，三十部册，普化众生，亿兆君师，万圣领袖，协助天运，保庇国民，五时祈佑，默祝太平，存心真主，加志穷民，拯救患难，洞彻幽冥，超拔灵魂，脱离罪业，仁覆天下，道冠古今，降邪归一，教名清真，穆罕默德。至贵圣人。①

在扬州、福州、泉州等地的清真寺内，还有明成祖朱棣永乐五年（1407）的《敕谕碑》文：

谕米里哈只：朕惟能诚心好善者，必能敬天事上，劝率善类，阴翊皇度。故天赐以福，享有无穷之庆。尔米里哈只，早从马哈麻之教，笃志好善，导引善类，又能敬天事上，益效忠诚，眷兹善行，良可嘉尚。今特授尔以敕谕，护持所在。官员军民，一应人等，毋得慢侮欺凌。敢有故违朕命，慢侮欺凌者，以罪罪之。故谕。永乐五年五月十一日。②

---

① 转引自刘智：《天方至圣实录》卷二〇。
② 转引自周燮藩、沙秋真：《伊斯兰教在中国》，华文出版社，2002年版第97页。

明永乐五年敕谕碑

明朝最初一百年是中阿之间海上丝绸之路的鼎盛时期，特别是郑和于 1405 年—1433 年的七下西洋，更是中国航海史上的空前盛举。

郑和（1371—1434）原姓马，世称"三保太监"或"三宝太监"，云南昆阳（今昆明市晋宁区）人，出身伊斯兰教名门望族，据考，是元朝著名的赛典赤·瞻思丁的后裔。① 其祖父、父亲都曾去麦加朝觐过。1382 年（元洪武十五年），郑和 12 岁，因明军入滇被俘，不幸做了宦官，后从燕王举兵"靖难"。朱棣称帝后，

---

① 邱树森：《赛典赤家族入华时间考》，《中国回族研究》1991 年第 1 期。

他备受赏识，1404 年（永乐二年）被赐姓"郑"。《明史》郑和
有传，称郑和"自幼有才志""丰躯伟貌""博辩机敏""谦恭
谨密""出入战阵多建奇功"。郑和历事成祖（朱棣）、仁宗（朱
高炽，1424—1425 在位）、宣宗（朱瞻基，1425—1435 在位）三
朝；从永乐三年（1405）自苏州刘家河起航，到宣德八年（1433）
最后一次船队返抵南京，他七次奉使远航，船队到过印度支那半
岛（中南半岛）、马来群岛、印度半岛、阿拉伯半岛和东非沿岸，
历时近 30 年，行程 10 万余里，走访了 30 余个国家、地区或城市，
其中大多信仰伊斯兰教。郑和前三次出航，仅到印度半岛为止。
从第四次（永乐十一年，1413）出海起，船队远至西亚、非洲。

牛首山郑和墓

布拉瓦（不剌哇）一瞥

访问的阿拉伯地区、城市有沙特阿拉伯的哈萨（剌撒）、①麦加（天方）、麦地那（墨德那），阿曼的佐法尔（祖法儿）、马斯喀特（麻实吉），也门的亚丁（阿丹）；非洲有东非索马里的摩加迪沙（木骨都束）、布拉瓦（不剌哇）、朱巴（竹步）等。

郑和本人懂阿拉伯语，并随船队带有阿拉伯语翻译。这为他们访问阿拉伯世界带来很大方便。事后，随行的马欢写有《瀛涯胜览》，费信写有《星槎胜览》，巩珍写有《西洋番国志》。

---

① 括号前是现代通译名称，括号内为当时译名，下同。

马欢，字宗道，浙江会稽（今绍兴）人，回族，通阿拉伯语。曾随郑和第四、第六、第七次航行，任通事（翻译）。《瀛涯胜览》于 1416 年写成初稿，1451 年完成定本，全书记 20 国。

费信，字公晓，江苏苏州昆山人。曾随郑和船队航行四次。其《星槎胜览》写成于 1436 年，分两集，共记 40 余国，内容"半采汪大渊岛夷志略之文"，[①] 涉及地区虽比马欢的《瀛涯胜览》多，但不如其详赅。

巩珍，号养素生，南京人，兵士出身，1430 年（宣德五年）随郑和第七次下西洋，为幕僚。1434 年写成《西洋番国志》，记 20 个国家。其先后次序与内容与马欢的《瀛涯胜览》大致相同。

三本著作是三位作者跟随郑和远航亲历各地的原始记录。根据他们留下的这些珍贵文献，我们可以知道，郑和的船队曾把大量中国特产的丝绸、瓷器、布匹、茶叶、金、银、铜铁器等运至阿拉伯各国，以换取阿拉伯地区的香药、香料和其他特产。郑和最后一次远航时，1432 年（宣德七年），船队经古里（今印度西南海岸的卡利卡特港）时，内官太监洪保见当地差人去麦加，"就选派通事等七人赍带麝香瓷器等物，附本国船只到彼，往回一年买到各色奇货异宝、麒麟、狮子、驼鸡等物，并画天堂图真本回京。其默伽国王亦差使臣将方物跟同原去通事七人献赍于朝廷"。[②]

① 费信：《星槎胜览》，冯承钧校注，中华书局，据商务印书馆原版重印，1954 年版。
② 马欢：《瀛涯胜览》，冯承钧校注，中华书局，1955 年版；张星烺编注《中西交通史料汇编》第 2 册，中华书局，2003 年版第 899 页。

马欢、费信、巩珍写的有关文献，对所到之处多有介绍。如费信描述麦加（天方国）时说："风景融和，四季皆春也。田沃稻饶，居民安业。男女穿白长衫。男子削发，以布缠头。妇女编发盘头，风俗好善。酋长无科扰于民，亦无刑罚，自然淳化。不作盗贼，上下安和……"[1] 而马欢在提到"天方国"时也说："天方国，此国即默伽国也……奉回回教门，圣人始于此国阐扬教法，至今国人悉遵教规行事，纤毫不敢违犯。其国人物魁伟，体貌紫膛色，男子缠头，穿长衣，足着皮鞋。妇人俱戴盖头，莫能见其面。说阿剌毕言语。国法禁酒，民风和美。无贫难之家，悉遵教规，犯法者少，诚为极乐之界。婚丧之礼，皆以教门体例而行……"[2] 又如介绍亚丁时，马欢在《瀛涯胜览》写道："阿丹国，濒海，富饶。崇回回教，阿剌壁言语，性情强硬悍戾。有胜兵七八千，马步俱精，邻邦畏之。自古俚国（指印度西南海岸的卡利卡特港——引者）舟西行，一月可至。永乐九年，诏中使赐命，其国王远迎谨甚。即谕其国人就互市。王顶金冠，衣黄袍，腰宝妆金带。礼拜日则易白缠头，以金锦为顶，衣白袍，乘车列象而行。将领等冠服有差。民间男则缠头，衣撒哈剌锦绣纻丝细布等服，有靴鞋。妇人则衣长衣，项佩珍珠缨络，耳金厢宝环，手金宝镯钏，足指亦有环，丝帨蒙首。金银器皿绝胜赤金……"[3] 而费信在《星槎胜览》中则

---

① 费信：《星槎胜览》卷四，转引自张星烺编注《中西交通史料汇编》第 2 册，中华书局，2003 年版第 897 页。

② 马欢：《瀛涯胜览》，冯承钧校注，中华书局，1955 年版；张星烺编注《中西交通史料汇编》第 2 册，中华书局，2003 年版第 897 ～ 898 页。

③ 马欢：《瀛涯胜览》，张星烺编注《中西交通史料汇编》第 2 册，中华书局，2003 年版第 936 页。

写道:"阿丹国,自古里国顺风二十三昼夜可至。其国傍海而居,草木不生。肥田种植,粟麦丰盛。垒石为城,砌罗股石为屋,三四层高,厨房卧室,皆在其上。风俗颇淳,民下富饶。男女拳发,穿长衫。妇女出则用青纱蔽面,布帽兜头,不露形貌,两耳垂金钱数枚,项挂缨络。地产毲羊,自胸中至尾,垂九块,名为九尾羊。千里骆驼、黑色花驴、驼蹄鸡、金钱豹。货用金、银、色缎、青白花瓷器、檀香、胡椒之属。其酋长感慕恩赐,躬以方物贡献。"[①]皆描述得生动、细致、真切。

此外,还有《郑和航海图》,是郑和最后一次下西洋的航海地图,原名《自宝船厂开船从龙江关出水直抵外国诸蕃图》,载于明朝茅元仪的《武备志》(1628年成书)第二百四十卷,并附有《过洋牵星图》4幅。[②]航海图上标有地名500多个。这是我国第一部远洋航海地图,是研究中西交通史难得的重要资料,也是中阿友好往来的历史见证。

《郑和航海图》所附的一幅过洋牵星图

① 费信:《星槎胜览》卷四,转引自张星烺编注《中西交通史料汇编》第2册,中华书局,2003年版第937页。
② 1961年中华书局曾出版单行本,由向达整理校释,考释地名350个;参见江淳、郭应德《中阿关系史》,经济日报出版社,2001年版第117、118页。

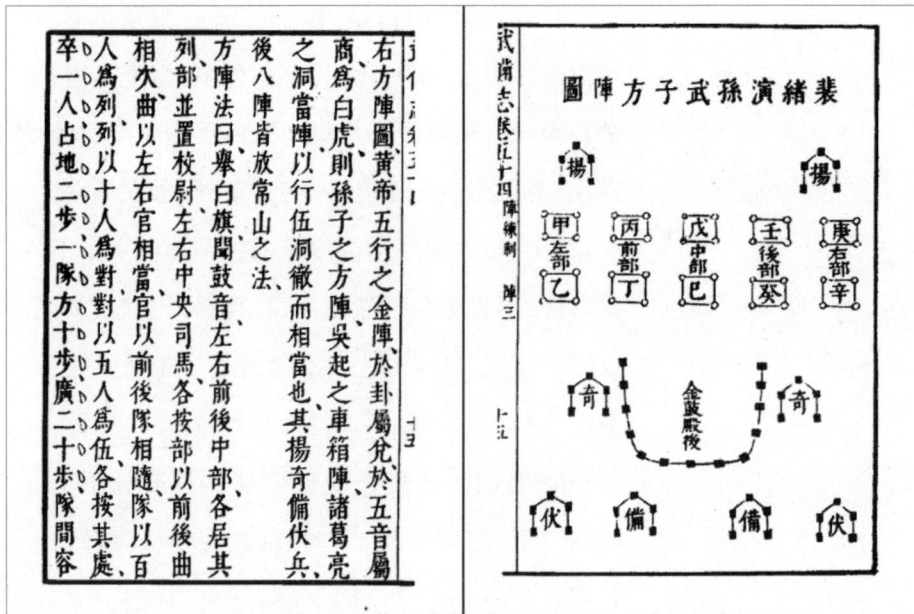

《武备志》里的孙武子方阵图

据有关资料记载，郑和宝船最大的长44丈、宽18丈，9桅12帆，排水量约为1400吨，载重量在7000吨以上；船队有宝船大艘62艘，主要人员有水手、官兵、采办、工匠、医生、翻译等2.78万多人。论船体之巨大、船队规模之大、航程之远、航行时间之长、装备之精良、技术之先进，都是当时世界一流的、前所未有的。比西班牙的哥伦布1492年发现新大陆，比葡萄牙的达·伽马1497年绕过非洲的好望角横渡印度洋，都要早近一个世纪。

哥伦布画像　　　　　　　　　　达·伽马画像

　　郑和船队的远航，加深了中阿人民之间的相互了解，促进了双方的经济、文化交流，为发展中阿友好关系，做出了重大贡献，产生了深远的影响。

　　明代的中阿交往实际上是经历了一个由盛而衰的过程。这与明代朝廷奉行的与唐、宋、元的对外开放政策大相径庭的海禁、闭关锁国的政策有关。当时对阿拉伯世界的贸易基本由朝廷垄断，表现形式是朝贡贸易和郑和船队航行到阿拉伯互市。所谓朝贡贸易就是除少量"贡品"外，外国使者可以携带大量土特产同中国进行交易，商人也可随贡使来做生意。但朝贡贸易手续烦琐，有一套严格的制度规定。而震撼古今中外的郑和下西洋壮举，其主要目的不是致力于经贸发展，而是宣扬国威，怀柔藩属。海禁政策的结果是严重阻碍了中国海洋经济的发展。特别是在郑和下西洋后，印度洋上再也没有中国商船的踪迹，而葡萄牙殖民者则乘机东来，中阿的海上交通遂被葡萄牙人所操纵。

明末清初的中阿关系

明朝中阿关系虽在经贸往来方面由盛而衰，但在文化交流方面，中国的穆斯林却转而注重伊斯兰精神文化的介绍、发展、融汇，开始了中国伊斯兰史上学理的建设。这集中表现在明末清初开始建立起的经堂教育和翻译有关伊斯兰教的著作。经堂教育的首创者是胡登洲（1522—1597），最早从事汉语译著且成绩突出的是王岱舆（约1570—1660）、张中（约1584—1670）。

胡登洲，字明普（又作普照），经名穆罕默德·阿卜顿拉·伊立亚色（Muḥammad'abd al-Lāh Ilyās），陕西咸阳渭城人，回族。幼年曾学习儒书，并随明师学习伊斯兰经学。目睹"经文匮乏，学人寥落，既传译之不明，复阐扬之无自"的现状，遂慨然立志兴学，"设馆于家"，招收弟子学习经典，由他供给生活费。后来发展为在各地清真寺内兴办经学，费用由教坊内回民负担。他被穆斯林尊称为"胡太祖师"。[1]

王岱舆，别号真回老人，金陵（今南京上元县）人，回族。其祖先是阿拉伯人，因精通天文历算学，于洪武年间（1368—

---

[1] 参见金宜久主编：《伊斯兰教辞典》，上海辞书出版社，1997年版第474页；杨怀中、余振贵主编：《伊斯兰与中国史化》，宁夏人民出版社，1995年版第132页。

1398）被授以钦天监官，子孙世袭其职。岱舆幼承家学，熟悉阿拉伯文及伊斯兰教经籍。二三十岁时，攻读诸子百家，被誉为"学通四教"（指儒、道、释与伊斯兰教）的"回儒"。后专攻伊斯兰教义，立志用汉文介绍伊斯兰教。为阐明伊斯兰教理，他常与教内外人士谈论、论辩，并写成文章，后辑成用汉文写的《正教真诠》一书。约在崇祯十五年（1642）在南京刻版出书，后又有广州刊本、成都刊本。书分上下两卷，共40篇。上卷20篇是讲宗教哲学的，下卷20篇基本上是讲伊斯兰教法的。此外，他还遗有《清真大学》和《希真正答》两书传世。前者也是系统阐述伊斯兰教哲学的书，后者内容仍不出《正教真诠》《清真大学》两书的范围，但特点是用问答体，有时叙述得更明畅。王岱舆是我国回族穆斯林中第一位全面、系统地论述伊斯兰教教理的学者。[1]

张中，字君时、时中，自号寒山叟、寒山樵叟，江苏姑苏（今苏州）人，回族。出身经师世家。自幼学习伊斯兰教与儒家经典。曾先后执教于扬州、苏州等地。曾师从崇祯十一年（1638）来华讲学的印度经师阿世格，并根据其口授整理加工，于崇祯十三年（1640）写成《归真总义》一书。此外，传世的还有他约撰写于崇祯四年（1631）的《克理默解启蒙浅说》和《四篇要道》。他在用汉语明晰地译释"认主学"方面做出了贡献。[2]

---

① 参见《伊斯兰教辞典》，第476页；白寿彝主编《中国回回民族史》下，中华书局，2003年版第948～950页。
② 参见《伊斯兰教辞典》，上海辞书出版社，1997年版第477页。

清朝（1616—1911）继续执行闭关锁国政策，中阿之间的交往十分有限。但开端于明末的经堂教育与伊斯兰经学的学理建设、汉语译著却得到进一步发展，其中的代表人物和成就斐然者是马注（1640—1711）、刘智（约1662—1730）和马德新（复初，1794—1874）。

马注，经名郁速馥（Yūsuf），字文炳，号仲修，晚年署"指南老人"，云南金齿（今保山）人，是元咸阳王赛典赤·瞻思丁的十五代世孙。幼年贫苦，早孤，师从当地名儒，16岁中秀才，18岁时在南明永历的小朝廷做了一个小官。1659年（清顺治十六年）永历帝在云南失败后，马注以教书为生。当时著有《樗樵录》一书，但未传世。1665年（康熙四年），到武定教书，兴趣向经世之学发展，著有《经权》二集，自信得"修治齐平"之"至理"，"期副上用"。1669年（康熙八年），马注30岁，离滇赴京。渐由喜文章、求功名，转而注意于伊斯兰教义、教理之研究。讲学之余，开始译著《清真指南》，约于1681年（康熙二十年）成稿。1684年（康熙二十三年），他离京返乡，途经山东、江苏、浙江、安徽、陕西等省，历时四年，沿途结识各地著名经师、学者，与之切磋，受到敬重，被誉称"仲翁马老师"。回乡后，继续修订、增补《清真指南》。他认为"清真之与儒教无所区别，惟认、礼、斋、济、游之五常，便有些回辉气象，余则皆同"。①文中所谓"五常"，即穆斯林通常所称的念、礼、斋、课、朝五功，"回辉"即通常称的"回回"。1710年（康熙四十九年），他以圣裔名义协助当地政府查禁武定

① 马注：《清真指南》卷八，宁夏人民出版社，1988年版第356页。

等地流行的所谓"左道",撰写《左道通晓》,补进《清真指南》,成十卷,使该书历时近 30 年而终于完成。《清真指南》传布的广远似乎还在王岱舆的《正教真诠》之上。①

刘智,字介廉,晚年自号一斋,江宁府上元(今南京)人,回族。幼时从父刘三杰(字汉英)和经师袁汝琦学习《古兰经》和阿拉伯文。15 岁随父读了 8 年的儒家书、6 年的阿拉伯-伊斯兰经典,又阅读了佛道两家经籍和西洋传来的书籍。他在知识领域的广泛涉猎,使他的著述具有了超越前人的有利条件。他通晓阿拉伯文与波斯文,钻研伊斯兰教义,继承父亲遗志译著了大量有关伊斯兰教的书。其译著最著名的是三部:一部是《纂译天方性理》,简称《天方性理》;一部是《天方典礼择要解》,简称《天方典礼》;还有一部是《天方至圣实录》。他认为"圣人之教,东西同,今古一"。他自称"会通诸家而折中于天方之学,著书数百卷"。但其译著现在传世的仅五十几卷,散失的比传世的多。不过其精华,或已具备于上述三部书中。他在中国哲学、伦理学、宗教学说史上,应说有一定的贡献,也使汉文伊斯兰教译著活动达到鼎盛。②

马德新。字复初。经名鲁哈·丁(Rūhad-Dīn),被尊为"老巴巴",云南太和(今大理)人,回族。幼承家教,学习阿拉伯文和波斯文。因自觉"真传之未得,明师之罕遇",遂于 1841 年

---

① 参见《伊斯兰教辞典》,第 482 页;白寿彝主编《中国回回民族史》下,中华书局,2003 年版第 951～955 页。
② 参见《伊斯兰教辞典》,第 488 页;《中国回回民族史》下,第 956～962 页。

（道光二十一年）赴麦加朝觐，并到埃及、叙利亚、土耳其、新加坡等地游学考察，至 1848 年方归国，前后达 8 年。回国后用阿拉伯文写成《朝觐途记》一书，记录了沿途各地情况，后由其弟子马安礼译成中文，于 1861 年出版。返滇后，他设帐讲学，"四方从学之士，星列云集，可谓盛矣"，形成中国伊斯兰教经堂教育云南派。他是一位非常博学的学者，涉猎阿拉伯文、波斯文、汉文各种经典，著述领域十分广阔，包括认主学、性命学、教义学、语言学、历史、天文历算学、文学、游记等，对阐述伊斯兰教义，沟通中阿文化做出很大贡献。他传世的著作约有 37 部，最著名的是《四典要会》，还有他据伊斯兰教经典重新整理编纂王岱舆、马注、刘智的译著《真诠要录》《指南要言》《天方性理注释》《至圣实录宝训》，其《宝命真经直解五卷》为《古兰经》最早的汉文节译本。[①]

王岱舆、马注、刘智和马德新，被誉为中国伊斯兰教四大经学家。他们的"汉文译著被中国穆斯林尊称为'汉克塔布'，即以汉文写成的伊斯兰圣典"；[②]是阿拉伯－伊斯兰文化与中国传统文化的融汇，是中国伊斯兰文化在思想哲学领域内的最高成就，因而也成为中国宝贵文化遗产的一部分。

---

① 参见《伊斯兰教辞典》，上海辞书出版社，1997 年版第 489、490 页；白寿彝主编：《中国回回民族史》下，中华书局，2003 年版第 1071～1075 页。
② 杨怀中、余振贵主编：《伊斯兰与中国文化》，宁夏人民出版社，1995 年版第 134 页。

近现代中阿之间的交往

　　1840 年鸦片战争后，中国从一个独立国家逐渐沦为半封建半殖民地国家。从此，清政府穷于应付殖民主义列强的侵扰，根本无暇顾及与拓展与阿拉伯国家的关系；加之清政府继续实行闭关锁国政策，而阿拉伯国家自 16 世纪以来也遭受西方殖民主义者的入侵，19 世纪初后，绝大多数阿拉伯国家又先后沦为英、法、意等列强的殖民地，中国与阿拉伯国家的关系自然难以得到正常的发展。但相似的遭遇，常使两大民族人民有同命运、共患难、同仇敌忾之感。如马德新 1844 年初游埃及时，就称赞锐意改革的埃及总督穆罕默德·阿里（Muhammad 'ahī, 1769—1849）向西方学习各种技艺，"诸凡制造，无求于他国"。[①] 林则徐也在《四洲志》内，赞许穆罕默德·阿里独立于奥斯曼土耳其帝国，学习西方技能后，"队伍雄甲东方"。[②] 而当 1908 年

关乔昌所绘林则徐画像，原件存于美国波士顿美术馆

----

① 马德新：《朝觐途记》，宁夏人民出版社，1988 年版第 33 页。
② 艾周昌编注：《中非关系史文选》，上海人民出版社，1989 年版第 132 页。

摩洛哥人民对法国殖民主义者和封建统治者进行英勇斗争时，孙中山先生曾在报上著文，高度赞扬摩洛哥人民"不甘与屠王俱死、与主权同亡，乃发奋为雄，以拒外兵，以覆昏主。内外受敌，危险莫测，而摩民不畏也"。并以此为据，对当时中国保皇党提出的革命会招致瓜分之说，痛加驳斥道："今者，近东亚病夫之土耳其瓜分问题已由革命而解决，而无名的摩洛哥干涉问题亦由革命而解决，中国岂异于是哉？！"①

中华民国成立后，中国对外关系形势仍然险峻。列强仍在继续欺凌宰割中国，中国要竭力应付它们瓜分中国的阴谋，特别要对付日本帝国主义妄图独霸中国的侵略活动。所以，迟至 20 世纪40 年代，中国才与埃及、伊拉克和沙特阿拉伯建立外交关系。在此期间，中阿之间的经贸关系也不密切。埃及向中国出口少量棉花，中国向埃及出口一些纺织品等，仅此而已。

但这一时期，阿拉伯–伊斯兰文化在中国却得到进一步弘扬。明末清初兴起的穆斯林经堂教育，是在清真寺内办学，内容一是《古兰经》，二是阿拉伯文，这种经堂教育的传统在清末渐行衰落。而始于 20 世纪初的近代中国穆斯林的新文化运动却使阿拉伯–伊斯兰文化走出了清真寺，提出了改良宗教、发展教育的主张。这一运动一直持续到中华人民共和国成立前夕。运动的主要标志是建立宗教或学术社团，创办新式学校，派遣留学生，创办学术刊物，开展伊斯兰学术研究活动，造就了一批伊斯兰学者。

---

① 《孙中山全集》第 1 卷，转引自江淳、郭应德：《中阿关系史》，经济日报出版社，2001 年版第 200、201 页。

　　1906 年（清光绪三十二年），童琮在镇江创办"穆原学堂"，并发起组织"东亚清真教育会"。其宗旨是"盖欲为中国全体回教谋教育普及也"。[①]1907 年（光绪三十三年），留日回族学生在东京创立"留东清真教育总会"。其宗旨是联络同教情谊，提倡教育普及及宗教改良。他们创办的杂志《醒回篇》，虽仅出了一期，却是中国穆斯林所办的最早刊物。1909 年（清宣统元年），成立"上海清真董事会"，在兴办学校、培养人才、发展伊斯兰教等各方面做了大量工作。1912 年，王宽等人于北京发起成立"中国回教俱进会"，宗旨是"联合国内回民，发扬回教教义，提高回民知识，增进回民福利"。"兴教育，固团体，回汉亲睦"，并创办《穆声月报》《穆光》半月刊。在"俱进会"支持下，1931 年成立了"回教正俗俭朴会"，宗旨是"以崇教典改正礼俗，破除奢侈热风，倡导节俭美德"。1937 年，王静斋等在河南成立"中国回民抗日救国协会"，是民间团体；1938 年春，会址迁往武汉，改组为"中国回民救国协会"；1939 年又改称"中国回教救国协会"，会址迁往重庆，性质变为官办，其间曾出版《中国回教救国协会会刊》《回教文化》；1946 年会址迁回南京，改名"中国回教协会"，首任理事长为白崇禧，曾通令全国各地伊斯兰教团体一律受其领导，不准再立其他名目，曾出版《中国回教协会会报》。至于学术社团，还应提到的是 1917 年成立于北京的"清真学社"，宗旨在"研究学术，阐明教理"。1925 年成立于上海的"中国回教学会"，当时是中国最大的伊斯兰教学术团体，其宗旨是阐明伊斯

---

① 周燮藩、沙秋真：《伊斯兰教在中国》，华文出版社，2002 年版第 157 页。

兰教教义，提倡回民教育，联络中外穆斯林情谊，开展伊斯兰文化交流，扶助同教公益事业，曾出版《中国回教学会月刊》。1938年，由白寿彝等在桂林发起成立"中国回教文化学会"，宗旨是阐扬伊斯兰教文化，翻译或介绍伊斯兰教著作，1941年改名为"伊斯兰教文化学会"，会员多为著名的回族学者和阿訇，曾分别在一些大学开设伊斯兰教文化讲座，出版伊斯兰文化丛书十余种。

1949年的白寿彝像

　　辛亥革命后，中国穆斯林中的有识之士开始创办新式教育。与传统的经堂宗教教育的不同之处在于它是学校式的科学文化知识教育，是一种造就"经书两通"的新阿訇、新师资的学校。新式教育体现了"中阿并重""爱国爱教"的思想。这类新式学校最早的，是由中国穆斯林学者、教育家王宽与达浦生等人于1907年在北京牛街清真寺创办的"回文师范学堂"，其典范是马松亭等于1925年创办于山东、1929年迁至北平的成达师范，1928年由哈德成等集资创办、由达浦生任校长的上海伊斯兰师范学校。此外，在四川、宁夏等地也都创办了类似的师范学校。与此同时，在各地穆斯林聚居区还

达浦生

普遍建立了与普通大众学校相同的穆斯林新式学校，如北平西北公学、北平新月女子中学、昆明明德中学、杭州穆兴中学、宁夏蒙回中学等。

辛亥革命后，中国穆斯林出外留学成为一种时尚。很多人试图到国外，特别是到阿拉伯－伊斯兰世界去寻求"救国救教"的真谛。但 20 世纪 30 年代前，中国穆斯林子弟到阿拉伯国家去留学，多是非组织的个人行动。20 世纪 30 年代后，那些在穆斯林聚居区相继建立的新式学校，开始从接受过新式教育的穆斯林青年中选拔品学兼优的学生，有组织、有计划地向阿拉伯－伊斯兰国家派遣留学生。其学习、生活等费用，均由富有的穆斯林或穆斯林社团资助，因而也有别于政府公派的留学生。自 1930 至 1945 年，成达师范、上海伊斯兰师范、昆明明德中学及新疆曾先后向埃及开罗爱资哈尔大学派出过 6 届 40 余名留学生。他们学成归来，其中很多成为国内知名的穆斯林学者。20 世纪 30 年代前，留学归国的知名穆斯林学者的代表人物应推王静斋（1880—1949）；30 年代后成就最大的则是马坚（1906—1978）。

王静斋，名文清，静斋为其字，经名耶尔古伯（Ya'qūb），天津人，回族。自幼受清真寺经堂教育，学习阿拉伯语、波斯语、伊斯兰教经典，并自学汉语。1922年赴埃及留学，就读于爱资哈尔大学，受到埃及近代伊斯兰教改革思潮影响。1923年赴麦加朝觐，后携阿拉伯文经典数百部归国，并在天津创办"中阿大学"。1927年创办《伊光》月刊，任总经理兼编译，宣传"遵经革俗"的主张。1937年，与他人在河南发起成立"中国回民抗日救国协会"。抗战期间，曾四易其稿，以三种版本出版《古兰经译解》。其他主要译著有《中亚字典》《阿中新字典》《回耶辨真》《真境花园》等。①

马坚，字子实，经名穆罕默德·麦肯（Muḥammd Makīn），云南蒙自（今个旧）沙甸人，回族。曾先后就读于昆明的云南回教高等经书并授学校和昆明明德中学。1928年在上海伊斯兰师范学校专攻阿拉伯语和伊斯兰教经典、教义。1931年被选送赴埃及留学，先后就读于爱资哈尔大学和教育学院（Dār al-'ulūm）。留学期间，曾用阿拉伯文著《中国伊斯兰概观》，将《论语》译成阿拉伯文，在开罗出版。1939年归国后，曾任明德中学教务主任，主编《清真铎报》。1946年，应聘为北京大学东方语言系教授，开将阿拉伯语教学引进中国高等院校之先河。毕生从事阿拉伯语言和阿拉伯-伊斯兰文化的翻译、教学、研究工作，著译颇丰，所译《古兰经》除在国内出版外，还作为范本，用中阿文合璧的

---

① 参见《伊斯兰教辞典》，第493页；林煌天主编：《中国翻译词典》，湖北教育出版社，1997年版第686页。

形式在沙特阿拉伯的麦地那出版发行。此外，还著有《中国回教概观》《穆罕默德的宝剑》《回历纲要》，主编《阿拉伯语汉语词典》，译有《回教哲学》《回教真相》《回教教育史》《回教基督教与学术文化》《伊斯兰哲学史》《教典诠释》《阿拉伯简史》《阿拉伯通史》等。①

爱资哈尔大学

---

① 参见《伊斯兰教辞典》，上海辞书出版社，1997年版第499页；《中国翻译词典》，第461页。

"近代新文化运动的崛起，它包含着振兴教门、振兴民族、振兴国家的几方面的内容。这几方面的内容又是紧密结合在一起的，它与近代中国的新文化运动同步前进，故可视其为近代中国新文化运动的一个分支。客观上它又与近代伊斯兰世界的改良运动步伐是一致的。"①

1949 年中华人民共和国成立后，中国极为重视发展与阿拉伯国家的友好合作关系。中国对阿拉伯国家的基本政策是：大力支持阿拉伯国家争取和维护民族独立及领土主权完整的斗争，在它们获得独立后迅速予以承认；坚决支持阿拉伯国家反帝、反殖、反霸、反侵略及巴勒斯坦人民争取恢复合法民族权利的正义斗争；支持它们和平共处、团结合作及和平解决彼此之间的争端，而不诉诸武力和进行侵略；在和平共处五项原则的基础上，积极与阿拉伯国家建立和发展各方面的关系；对与中国建交暂有困难的予以谅解，耐心等待；不干涉阿拉伯国家的内政。

根据上述对阿拉伯国家的外交政策，中国于 1956 年，与埃及、叙利亚、也门先后建交；1958 年，与伊拉克、摩洛哥、苏丹、阿尔及利亚建交；1964 年、1965 年分别与突尼斯、毛里塔尼亚建交；1971 年，与科威特、黎巴嫩建交；1977 年，与约旦建交，1978 年，与阿曼、利比亚建交；1984 年，与阿拉伯联合酋长国建交；1988 年、1989 年，分别与卡塔尔、巴林建交；1990 年，与沙特阿拉伯建交。

---

① 杨怀中、余振贵主编：《伊斯兰与中国文化》，宁夏人民出版社，1995 年版第 142 页。

　　中国和阿拉伯诸国虽然政体、经济发展、意识形态等各方面不尽相同，但我们同属第三世界，都是发展中国家；我们的人民都勤劳、勇敢、热爱和平、反对侵略战争；我们都在努力振兴，与时俱进，实现国家现代化。我们在前进的道路上都并非一帆风顺，我们有胜利、有成就，但也有挫折、有困难、有问题。相似的历史进程、相似的命运，使中阿人民一向相互同情、相互支持、互相合作，这表现在政治、外交、经济、文化等各个领域。

第三章
古代中阿之间的
文化交流与相互影响

中国对阿拉伯文化的贡献

中国举世闻名的四大发明——造纸术、印刷术、指南针和火药，是中国对人类文化的巨大贡献，但它们都是通过阿拉伯传到西方的。因此，谈到古代中国文化对阿拉伯文化的影响，不妨就从这四大发明谈起。

1. 造纸术

公元 105 年（东汉和帝元兴元年），蔡伦发明造纸术。751年，在前述唐朝中阿之间的怛罗斯之战中，阿拉伯人俘虏了一些擅长造纸的中国士兵，他们把造纸术传入阿拉伯。这在阿拉伯著名学者赛阿里比（Abū Manṣūr ath-Tha ʿālibī an-Nīsābūrī, 961—1038）的《趣闻逸事》（Latāʾif al-Maʾārif）和比鲁尼（Abū ar-Rīḥān al-Bīrūnī, 约 973—1048）所写的《印度志》（Tārīkh al-Hind）中都有记述。希提的《阿拉伯通史》则是这样表述的：穆斯林"直到回历 3 世纪初，书写的材料是羊皮纸或者纸草纸。有些写在羊皮纸上的公文，在艾敏和麦蒙争夺哈里发职位的内战中，被人劫掠了去，后来洗刷干净之后，又卖到市场上来。3 世纪初，有些中国纸输入伊拉克，但是，造纸工业不久就变成本国的工业了。我们在前面已经指出，某些中国战俘，在 751 年把用亚麻或者大麻屑造纸的方法传入撒马尔罕。……造纸术不久就从撒马尔罕传入伊拉克。794 年，伯尔麦克人法德勒·伊本·叶哈雅任呼罗珊的地方长官，由于他的建议，第一所造纸厂建立于巴格达。他的弟弟哲耳法尔任哈伦的大臣时，下令政府各机关一律用纸张代替羊皮纸。其他穆斯林城市纷纷建立撒马尔罕式的造纸厂。"① 从此，阿拉伯各地不仅有了大量的造纸作坊，而且有了以抄书为业的书坊。公元 900 年左右，埃及建厂造纸。1100 年和 1150 年，摩洛哥和安达卢西亚（今西班牙）先后创办造纸厂。"在西班牙之后，造纸工业又在意大利兴盛起来（约 1268—1276），也是由于穆斯林的影响，大概是从西西里岛传入的。法兰西有第一批造纸工厂，应归功于西班牙的传授，并不是像某些人所说的，应归功于十字军的归国。从这些国家，造纸工业逐渐传遍了欧洲。"② 无疑，纸的应用对促进阿拉伯－伊斯兰文化的形成和发展，乃至对后来欧洲的文艺复兴都起了巨大的作用。

2. 印刷术

与造纸术密切相关的是印刷术。中国早在唐朝就发明了雕版印刷，7 世纪 40 年代，就曾印过佛像，后又用雕版印书。这一技

① ［美］希提：《阿拉们通史》上册，马坚译，商务印书馆，1979 年版第491、492 页。阿拉伯文增补版下册，贝鲁特凯沙夫出版社，1965 年第 4 版，第 502、503 页。
② 《阿拉伯通史》下册，第 674 页。阿拉伯文增补版下册，第 670、671 页。

术最先由新疆先后传入当时阿拉伯帝国所辖的波斯和埃及，然后经安达卢西亚、意大利西传入欧洲。波斯著名史学家拉希杜丁·法杜拉（Rashīdu ad-Dīn Faḍl al-Lāh，约 1247—1318）曾在其《史集》（Jāmi'at-Tawārīkh）一书中，详细地介绍了中国的雕版印刷术。1880 年在埃及法尤姆（al-Fayūm）曾出土有 50 件阿拉伯文印刷品，分属 10 至 14 世纪。最早的一张大致是 900 年的，内容是《古兰经》三十四章一至六节。它出现的时间正好是埃及建立本地第一个造纸厂之后。从外观上可以看出，这些印刷品和中国内地以及新疆吐鲁番出土的许多 12 世纪蒙古统治时期的印刷品非常相似。20 世纪 50 年代，在埃及法尤姆出土了 30 块镌刻阿拉伯文的木版，从采用的阳刻方法和运用的版框式样上看，都显示出和中国的雕版相仿；连印刷的方法，也像中国的一样。[①] 中国是世界上最早印刷纸币的国家，始于 10 世纪。公元 1294 年，蒙古人在伊朗建的伊尔汗王朝（1256—1353）在其首都大不里士，曾用雕版印刷术仿照元代的"至元宝钞"，用中文与阿拉伯文印制纸币。[②] 印刷术传入欧洲，1440 年后欧洲出现了最早用雕版印刷的书籍。15 世纪下半叶，威尼斯成了欧洲印刷业的中心。

3. 指南针

早在公元前 3 世纪，中国就发明了磁铁指南仪器，称"司南"；约在 3 世纪发明"指南车"；11 世纪初，发明"指南鱼"——将

---

① 参见沈福伟：《中国与非洲——中非关系二千年》，中华书局，1990 年版第 520、521 页。

② 参见陈炎：《海上丝绸之路与中外文化交流》，北京大学出版社，1996 年版第 140 页。

磁化后的铁片放入木鱼中，用水浮起使其指示方向；同时制成世界最早的指南针，并制成罗盘针，用于航海。12 世纪末至 13 世纪初，指南针传入阿拉伯，阿拉伯人把它称为"针房"（Bayt al-'ibrah）或"针匣"（Ḥuqq al-'ibrah）。[①]1180 年指南针从阿拉伯传到欧洲。[②]在阿拉伯文著作中，最早提及指南针的是波斯人穆罕默德·奥菲（Muḥam-mad ʿawfī，？—约 1232）。其约于 1230 年前后编撰的《故事荟萃》（*Jawāmiʿal-Hikāyāt wa Lawāmiʿar-Riwāyāt*），其中一个故事的叙述者是个海员，他谈及自己在航行中曾通过一条磁化了的鱼来导航。[③]指南针极大地便利了阿拉伯人的航海事业，促成了航海时代的到来。实际上，指南针用于航海上，是航海技术划时代的变革。1492 年哥伦布发现美洲新大陆，16 世纪麦哲伦环航世界成功，在很大程度上应归功于指南针的使用。

麦哲伦

---

① 参见江淳、郭应德：《中阿关系史》，经济日报出版社，2001 年版第 182 页。
② 恩格斯：《自然辩证法》，见《马克思恩格斯全集》第 20 卷，人民出版社，1971 年版第 532 页。
③ 参见［美］希提：《阿拉伯通史》下册，马坚译，商务印书馆，1979 年版第 804 页。阿拉伯文增补版下册，第 791、792 页。

4. 火药

中国的火药发明于唐朝，是用硝、硫、碳按一定比例制成的。火药发明后，便被运用于喜庆烟火和攻防战事中，北宋时代在开封就建有大规模的火器和火药制作工场。约在 8 至 9 世纪，作为火药主要原料的硝就传入当时阿拉伯大帝国所辖的波斯（今伊朗），约在 1230 年，用硝制造火药的技术经波斯传到阿拉伯。因硝洁白如雪、味咸似盐，而且来自中国，波斯人就称它为"中国盐"，而阿拉伯人则称之为"中国雪"（thalj sīnī 或 fhalj a ṣ-Sīn）。在马木鲁克朝的哈桑·赖马哈（Hasan ar-Rammā ḥ Najm ad-Dīn al-Ah dab，？—1294）写于 13 世纪末的一篇题为《马术与兵器》（al-Furūsiyah wa al-Manaāṣ ib al-Ḥabiyah）的论文中就曾谈到硝及制造火药的配方。[①]"旭烈兀西征，蒙古军攻城掠地陷巴格达（1258），火药武器起了巨大作用。蒙古人把火药武器及其制造技术带到阿拉伯。欧洲人，首先是西班牙人，又从阿拉伯人那里学会了火药和火药武器的制造和使用。"[②]

马克思曾高度评价火药、指南针和印刷术所起的作用："火药把骑士阶层炸得粉碎，指南针打开了市场并建立了殖民地，而印刷术则变成新教的工具，总的来说变成科学复兴的手段，变成对精神发展创造必要前提的最强大的杠杆。"[③]他还说："火

---

① 参见《阿拉伯通史》下册，第 798 页；阿拉伯文增补版下册，第 787 页。沈福伟：《中国与非洲——中非关系二千年》，第 536 页。

② 江淳、郭应德：《中阿关系史》，经济日报出版社，2001 年版第 182 页。

③ 马克思：《经济学手稿》，见《马克思恩格斯全集》第 47 卷，人民出版社，1979 年版第 427 页。

药、罗盘针、印刷术，这是预兆资本主义社会到来的三项伟大发明。"①

当然，中国传入阿拉伯世界并对其文化产生巨大影响的，远不止举世闻名的四大发明。至少远在此前，如前所述，中国的丝绸、瓷器等就早已誉满天方。

《武经总要》里关于十二火药制法的记载

---

① 马克思：《机器、自然力和科学的应用》，人民出版社，1978年版第67页。

5. 丝绸

中国是发明蚕丝织绸的国家，丝绸是中国古代文明的象征之一，因此古代西方誉称中国为"丝国"。早在公元前五百多年，中国的丝绸就传到了西方。贩运丝绸的多是波斯、阿拉伯人。他们把丝绸从中国经西域贩运到欧洲的这条商路，便是著名的"丝绸之路"。"无数铃声遥过碛，应驮白练到安西"。[1] 丝绸是中国人民最早送给阿拉伯人民的最美的礼物。早在伊斯兰教兴起前，中国丝就已是古代叙利亚、埃及等地纺织业的重要原料。罗马人在地中海东岸的提尔、西顿、加沙和埃及的亚历山大等城市，利用中国生丝生产丝织品，或利用中国的缣素再加工，染织成更薄的紫花绫子，供贵族享用。阿拉伯人据有西亚和埃及后，大力发展丝织业，成为仅次于中国的世界丝绸生产大国。8 世纪时，巴格达有专门销售中国丝绸的市场。公元 751 年中阿之间的怛罗斯之战后，被俘的中国丝织工人把中国的丝织技术带到了阿拉伯，进一步提高了当地的丝织业水平，叙利亚、伊拉克和波斯很快就垄断了对欧洲的丝绸贸易。阿拉伯人把丝织技术传入当时他们所辖的安达卢西亚和西西里岛。意大利人从西西里学到丝织技术，并发展了丝织业。12 世纪下半叶，西西里岛成为向欧洲传播丝织的基地。[2]

---

[1]　张籍：《凉州词》，见《全唐诗·杂曲歌辞》。

[2]　萨顿：《科学史入门》（George Sarton: *Introduction to the History of Science*, Baltimore, 1931）第 2 卷，第 56 ～ 57 页，转引自江淳、郭应德《中阿关系史》，经济日报出版社，2001 年版第 175 页。

6. 瓷器

中国是最早发明瓷器的国家，被誉为"瓷器之母"。如前所述，中国瓷器很早就经由陆海丝绸之路远销至阿拉伯世界，并中转到欧洲和非洲。阿拉伯人非常喜欢中国的瓷器，亲切地将瓷器称为"绥尼"（sīnī），意为"中国的"。他们用中国瓷器做碗、盘、杯、碟等食具，还广泛用作宫殿、寺院、厅堂等的装饰。阿拉伯人把中国精瓷看作珍品，以拥有之为荣，或予以收藏，或作为高贵礼品馈赠他人。阿拉伯人极为欣赏中国的瓷器。在前已述及的编定于 851 年的《中国印度见闻录》中，记载了阿拉伯商人苏莱曼对中国瓷器的赞誉，他说，中国有精美的瓷器，"碗晶莹得如同玻璃杯一样……隔着碗可以看见碗里的水"。[①] 伊本·白图泰也曾在其游记中介绍过中国瓷器及其烧制方法，并赞誉道："中国瓷器远销至印度等地区，直到我的家乡摩洛哥。这种瓷器真是举世无与伦比。"[②] 中国历代销往阿拉伯世界的瓷器，在伊拉克、叙利亚、黎巴嫩、也门、阿曼、巴林、埃及、苏丹、索马里等国都不断地出土。阿拉伯国家出土的中国古瓷，有些被收藏在西方国家的博物馆，有些陈列在阿拉伯国家的博物馆。这些陈列品，作为古代中阿友好往来的历史见证，受到阿拉伯人民的珍爱。中国的造瓷技术于 11 世纪传入阿拉伯。11 世纪上半叶，埃及的瓷器工艺已达

---

① 《中国印度见闻录》，穆根来等译，中华书局，2001 年版第 15 页。

② 阿拉伯原文见 http//www.alwaraq.com 网站，《伊本·白图泰游记》（*Rilah Ibn Batūtah*）；中文译本可参见马金鹏译：《伊本·白图泰游记》，宁夏人民出版社，1985 年版；亦可参见张星烺编注：《中西交通史料汇编》第 2 册，中华书局，2003 年版第 627 页。

到很高的水平，当时波斯裔的诗人、旅行家纳绥尔·霍斯鲁（Nāṣir Khusrū，1003—1088）在谈到这一点时说："埃及人会造出各式各样的瓷器。埃及的瓷器精致、透明，以至于你可以很容易地透过瓷器看到它后面的把柄。"[①]1470年，制瓷技术又由阿拉伯传到意大利的威尼斯，从此以后欧洲才开始生产瓷器。[②]

土耳其托普卡帕宫所藏中国的青花瓷

---

① ［美］希提等：《阿拉伯通史》（阿拉伯文增补版）下册，贝鲁特凯沙夫出版社（Dār al-kashshāf），1965年版第748页。

② 洪光柱：《驰名世界的中国瓷器》，见《中国古代科技成就》第222页，转引自江淳、郭应德：《中阿关系史》，经济日报社，2001年版第178页。

此外，阿拉伯人还十分欣赏中国的绘画技巧。赛阿里比在他的《趣闻逸事》中称赞中国人擅长雕塑和绘画，说中国画家笔下的人物栩栩如生；伊本·白图泰在他的游记中称赞中国人的绘画惊绝人寰、高妙无比。公元751年的怛罗斯之战，被俘的中国人中有画师，他们把中国的绘画艺术传入阿拉伯。阿拔斯王朝哈里发穆耳台绥姆（al-Muʿtaṣim，833—842在位）于836年定都于萨马腊（Sammarāʾ）时，曾从中国雇用了一批艺术家。萨马腊的壁画除受到希腊、波斯和突厥的影响外，也受到了中国绘画的影响。[①]

阿拉伯对中国文化的影响

1. 天文学

由于中国境内具有众多的穆斯林，他们需要按照伊斯兰历进行宗教活动；再者，阿拉伯－伊斯兰的天文学具有独特的体系，在某些方面比中国传统天文学更先进，所以，阿拉伯天文学很早便传入中国，并在官方取得特殊地位。据考证，早在宋朝时，有一个译名叫马依泽（921—1005）的阿拉伯人，于建隆二年（961），自阿拉伯半岛的鲁穆地方，出使中国入贡经商，颇得宋太祖赵匡胤的赏识，留下他做顾问，并让他参与编撰应天历，将伊斯兰的星期制度第一次正式引入中国。马依泽不但熟知日月交食和五星

---

① 哈立德·迦底尔：《伊拉克美术简介》，纳忠译，人民美术出版社，1962年版第18～19页。转引自江淳、郭应德：《中阿关系史》，经济日报出版社，2001年版第179页。

方位的推算，而且精通阿拉伯天文星占，故于乾德元年（963）被授职司天监。又因他来自天方伊斯兰正宗，熟知教义，便同时任中国伊斯兰教务方面的顾问，于乾德四年（966）封为侯爵。退休后，由其长子马额继任司天监，并袭封侯爵。为了有效地进行星占，马依泽父子把黄道十二宫的方位及太阳入宫日期的推算方法引进中国天文学，这在中国天文史上是第一次。①

宋太祖赵匡胤

元代，许多阿拉伯的天文学家来到中国，一些阿拉伯天文书籍和天文仪器也随之传入。来华的阿拉伯天文学家中最著名且贡献最大的是扎马鲁丁（Jamāl ad-Dīn）。扎马鲁丁是一位博学多才的阿拉伯学者，早在元世祖忽必烈即位前，就受到世祖任用。世祖至元四年（1267），依据伊斯兰历法，结合中国文化特点，"撰进《万年历》，世祖稍颁行之"。②所谓"稍颁行之"，就是在全国范围内少量地颁行，以适应相当数量的伊斯兰宗教活动的需要。

---

① 参见杨怀中、余振贵主编：《伊斯兰与中国文化》，宁夏人民出版社，1995年版第144～159页。
② 《元史·历志一》。

马扎鲁西的万年历就是伊斯兰历。不但有历日的推算，而且还有推步日月交食的方法。这种万年历一直沿用到明朝初年，后被马沙亦黑译编的《回回历法》取代。两者都是伊斯兰历法，只是前者稍粗疏，后者更精密。同时，"世祖至元四年，扎马鲁丁造西域仪象"。[①] 据记载，那是他研制的七件天文仪器。原称是阿拉伯文用汉语音译的名字：①咱秃哈剌吉（Dhātu al ḥalaqi）——浑天仪，即多环仪；②咱秃朔八台（Dhātu al-shuʿbatayni）——测验周天星曜之器，即方位仪；③鲁哈麻亦渺凹只（Rukhāmah al-muʿwajji——春秋分晷影堂，即斜纬仪；④鲁哈麻亦木思塔余（Rukhāmah al-mustawī）——冬夏至晷影堂，即平纬仪；⑤苦来亦撒麻（Kuràh as-samāʾ）——浑天图，即天球仪；⑥苦来亦阿儿子（Kurah al-ʾarḍi）——地理志，即地球仪；⑦兀速都儿剌不（al-ʾusṭurlāḇ）——昼夜时刻之器，即观象仪或星盘。至元八年（1271），元朝廷在元上都（今内蒙古正蓝旗）建立回回司天台，任命扎马鲁丁为提点（台长）。在这个司天台里，天文学家利用上述天文仪器进行天文观测，并每年编印历书。台中还藏有大批阿拉伯文、波斯文的天文、数学书籍，其中包括托勒密的《天文学大成》、欧几里得的《几何原本》等。司天台日常从事天文占卜工作，属于国家最高机密之一。它曾是中国研究伊斯兰天文学的中心。至元十年（1273），扎马鲁丁以回回司天台负责人的身份担任执掌收藏皇家历代图籍和阴阳禁书的秘书监官，负责皇帝特命的撰述任务。至元二十四年（1287），他升任集贤大学士，

---

① 《元史·天文志》。

官至二品。他在元朝做官期间，尽其所能地将阿拉伯科学文化，特别是天文学知识介绍到中国，为中阿文化的交流作出了巨大的贡献。[①]明朝对回回（伊斯兰）天文学也很重视。太祖（朱元璋）洪武二年（1369），设回回钦天监。其组成人员，除元朝留用者外，还有从西域（阿拉伯、波斯等地）远道而来的新的天文学家。其中最著名、贡献最大的是马德鲁丁父子。马德鲁丁原居在麦加以南的准带（今吉达），擅长天文历数。他于明初洪武二年（1369）带领三个儿子（长子马沙亦黑、次子马哈麻、三子马哈沙）来华定居。来华后，明太祖朱元璋认为他们有真才实学，便任命马德鲁丁为回回钦天监监正，封回回太师府爵，因其是观测天文的大家，特予以嘉奖，封他为大测堂马，人称大测先生。其长子马沙亦黑也深得朱元璋喜爱，被招为驸马。马德鲁丁于洪武七年（1374）去世，其长子马沙亦黑继任回回钦天监监正的职务，

托勒密

---

① 参见杨怀中、余振贵主编：《伊斯兰与中国文化》，宁夏人民出版社，1995 年版第 159～182 页；白寿彝主编：《中国回回民族史》下，中华书局，2003 年版第 801～812 页。

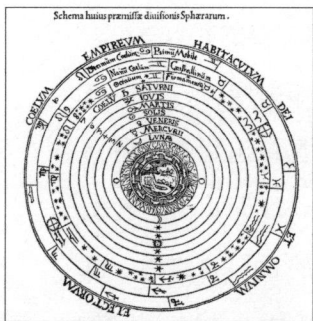

16 世纪绘制的托勒密地心说模型

袭回回太师爵位，兼任四译馆教习；次子马哈麻也于洪武二十四年（1391）升任回回钦天监监副。洪武十五年（1382），他们兄弟俩受命分别翻译《天文书》和《回回历法》。两书约于洪武十六年（1383）、十八年（1385）分别译完。《回回历法》其实不是单纯的翻译译本，而是马沙亦黑翻译、编撰的成果。内容包括太阴历、太阳历、日月五星行度的推算和日月食的预报四部分。它融会了阿拉伯天文学和中国回回天文学发展的最高成就。《明译天文学》原作者为波斯天文学家阔识牙耳（970—1029），马哈麻将其译成汉语，并写有译序。值得重视的是，书中包含有许多中国人并不熟悉的阿拉伯天文知识。尤其是在《说杂星性情》一节中，第一次介绍了 20 个阿拉伯星座的名称和 30 颗恒星的星等和黄经，这是西方星等概念首次传入中国。[1]

---

[1] 陈久金：《伊斯兰天文学在中国的传播和发展》，载《文史知识》编辑部、国务院宗教事务局宗教研究中心编：《中国伊斯兰文化》，中华书局，1996 年版第 85 ～ 92 页；杨怀中、余振贵主编：《伊斯兰与中国文化》，宁夏人民出版社，1995 年版第 182 ～ 197 页。

2. 医药学

医学是阿拉伯人除宗教之外最关心的学科。阿拉伯－伊斯兰医学形成于 8 至 13 世纪。它继承了古希腊医学的哲学原理和医术理论，又吸纳了地中海周沿地带诸民族的古老医药学遗产和古代印度、波斯、中国等东方诸国的医药知识。因此，阿拉伯－伊斯兰医学是中古时期较先进的医学。当时，阿拉伯大帝国的一些著名医学家用阿拉伯文写的医药学经典著作，在西方广为流传。12世纪以来，它们被译成拉丁文，成为欧洲诸医学院校的教科书。

阿拉伯的医药学对中国也有相当的影响。如前所述，香药是中国古代从阿拉伯地区进口的主要商品。当时香料也是中阿贸易商品的大宗，而这种交易又多半通过海路进行，故而，海上丝绸之路也称"香料之路"。古时中国输往阿拉伯的香料有麝香、沉香木、肉桂、姜等，阿拉伯输入中国的香药则有乳香、血竭、芦荟、没药、苏合香、胡卢巴、丁香、阿魏、诃黎勒、珍珠、龙脑（冰片）、龙涎香、木香、蔷薇水等。这些香药为中国医药界广泛采用，有的名称都是阿拉伯原名的音译，如没药（Murr）、诃黎勒（Halīlaj）、胡卢巴（Ḥulbah）等。9 至 10 世纪，即晚唐至北宋前期，阿拉伯－伊斯兰的医药知识已传入中国。唐朝段成式（？—863）的《酉阳杂俎》，记录了大食（阿拉伯）国的本草和药用。李珣（约855—约930）的《海药本草》，归纳出利用树脂类药物是阿拉伯－伊斯兰医药的一大特色。北宋年间，随着中阿之间贸易的高度发展，阿拉伯香药也开始大量输进中国，一次输入的阿拉伯乳香竟以万斤计，阿拉伯－伊斯兰医药学也随之对中国产生明显影响。传统中医自古不分科，但在北宋年间，太医院在培训医生时也如古希腊和阿拉伯医学那样，分成了内、外、妇、儿、口腔等 13 科，这可能是受到阿拉伯－伊斯兰医学的横向影响。传统中医以汤药为主，但北宋的《太平圣惠方》《圣济总录》却大量增加了丸、散、膏、酊的处方，如"乳香圆""阿魏圆"等。究其原因，乃是使用从阿拉伯－伊斯兰国家进口的香药大量增加，而香药含有挥发性物质，若用煎汤法，其有效成分就会失掉，故只能制成丸、散、膏、酊。可见这类处方的出现，是阿拉伯－伊斯兰药理学对中医药影响的结果。[①]

诃黎勒的穗状花絮

---

① 宋岘：《伊斯兰医学对中国医学的影响与贡献》，载《中国伊斯兰文化》，第 93～95 页；江淳、郭应德：《中阿关系史》，经济日报出版社，2001 年版第 165 页。

胡卢巴的种子

　　元朝廷重视阿拉伯－伊斯兰医药学，采取中医学与回医学同时并举的方针。在太医院中有专门研究和使用阿拉伯－伊斯兰医药的"广惠司"，其职责是"掌修制御用回回药物及和剂，以疗诸宿卫士及在京孤寒者"。[①] 在它下面还设有大都回回药物院和上都回回药物院，掌管回回药事。在元代，有很多阿拉伯－伊斯兰医师来到中国，受到朝野欢迎，被称为"回回医官"。他们对解剖学颇有研究，精通各种手术。元末明初的文学家陶宗仪的《南村辍耕录》卷二十二《西域奇术》中，就载有回回医官开刀为头

---

① 《元史·百官志》太医院条。

痛难忍的儿童从脑中取出肿瘤、动手术治愈腹部膨胀的马等传奇故事。这些来华的医师还携带来很多阿拉伯、伊斯兰的医学书籍。元秘书监收藏的以万计的阿拉伯、伊斯兰各门科学书籍中，就有《忒毕医经十三部》。"忒毕"是阿拉伯语 Tibbi 的音译，原义就是"医学的""医术的"。在《忒毕医经十三部》中，很可能有伊本·西拿（Ibn Sīnā，980—1037）的《医典》（*al-Qānūn fī at-tībb*）。

北京图书馆收藏有明代抄本《回回药方》，原书三十六卷，现仅存四卷。其基本内容多为元代传入的阿拉伯–伊斯兰医书的译本。但手抄本和小字注释工作是于明代完成的。《回回药方》体系完整，书中有大量阿拉伯文和波斯文的药物名、人名和方剂名，提到不少古希腊、罗马、阿拉伯著名医学家及其验方。经验证，《回回药方》的 117 个处方同《医典》卷五等处的方子在名称和内容上完全相同，其他五百多个方剂也与《医典》方多有雷同，并在所用的本草种类方面也相同。《回回药方》不仅录有不少《医典》的内容，还提到了许多《医典》上没有的古希腊医生和大食（阿拉伯）国的医家和医书。这表明，这部书的编撰者已将阿拉伯–伊斯兰医学史上最优秀的几部医书的内容都编入其中。同时还表明，这些医书同《医典》一起于元代传入中国，并与元秘书监所藏的《忒毕医经十三部》的内容有直接关系。《回回药方》虽然仅存四卷，但不难推论出，它的 36 卷全书不啻是诞生于中国的用汉文表述的阿拉伯–伊斯兰医学的百科全书，是阿拉伯–伊斯兰医学传入中国的历史见证，是中国医学史的瑰宝，是中阿文化交流、融汇的结晶之一。阿拉伯–伊斯兰医药学传入中国后，更加丰富了中国

的医药学宝库。明代杰出的医药学家李时珍（1518—1593）在其
著名的《本草纲目》中，就载有阿拉伯－伊斯兰医学的方剂、药
物和治疗方法。①

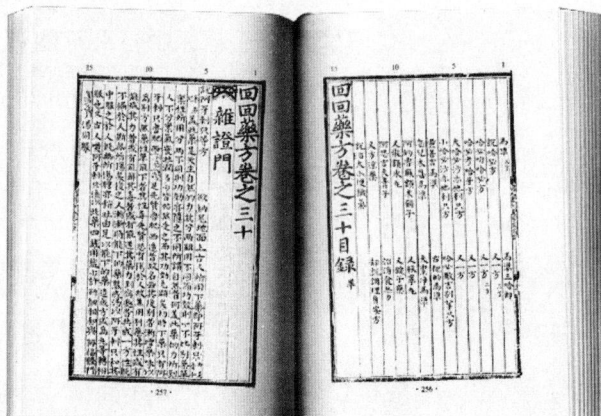

《回回药方》中的两个书页

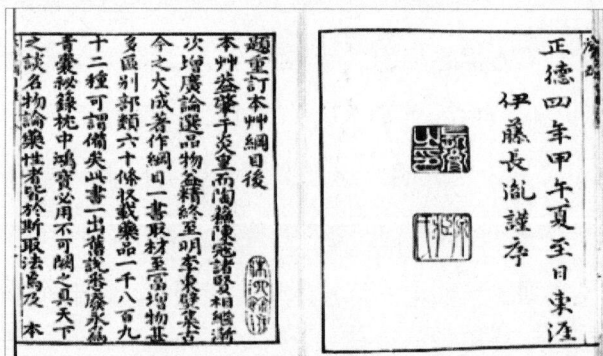

金陵版《本草纲目》中的两个书页

---

① 参见宋岘：《伊斯兰医学对中国医学的影响与贡献》，见《中国伊斯兰文
化》第96～98页；江淳、郭应德：《中阿关系史》，经济日报出版社，2001
年版第166、167页；杨怀中、余振贵主编：《伊斯兰与中国文化》，宁夏人
民出版社，1995年版第251～339页。

第四章

《古兰经》的翻译

　　当然，阿拉伯文化对中国影响最大的方面，是伊斯兰教的传入，致使在中国 56 个民族的大家庭中有了 10 个信奉伊斯兰教的民族。他们是回、维吾尔、哈萨克、东乡、保安、撒拉、塔吉克、塔塔尔、乌兹别克、柯尔克孜族，共约有 2000 万穆斯林。有的学者认为："伊斯兰教的胜利，有几分是一种语言的胜利，特别是一部经典的胜利。"① 这话不无道理。这里所说的经典就是《古兰经》。《古兰经》的传播与伊斯兰教的传布是同步的、密不可分的。因此，在谈到伊斯兰教传入中国，并对中国的文化产生影响时，我们不能不谈及《古兰经》在中国的翻译。

　　事实上，《古兰经》在中国长期流通的主要形式是在穆斯林中通过口耳相传而记诵经文。在译经问题上，国内外历来有一些穆斯林认为《古兰经》是安拉（真主）以阿拉伯文降谕的神圣经典，反对用其他文字予以翻译，以免亵渎圣书。然而，为使一般穆斯林理解经文的真谛奥义，译经又势在必行。明末清初（约从 17 世纪初到 18 世纪上半叶）汉文著述颇丰的伊斯兰学者王岱舆、

① 　［美］希提：《阿拉伯简史》，马坚译，商务印书馆，1973 年版第 35 页。

马注、刘智等，虽已深感译经的迫切性，但都不敢轻举妄动，唯恐译述走样失真。他们从事的翻译活动，主要是"抽译"或意译。马注在《清真指南》中所说的"纂辑真经，抽译切要""词虽粗陋，意本真经""言本真经，字用东土"，是这一时期译经状况的真实写照。刘智曾在《天方至圣实录》中嵌入三个短章（1、110、111章）的译文，但亦诚惶诚恐地郑重声明："天经圣谕，皆本然文妙，无用藻饰，兹用汉译，或难符合，勉力为之，致意云尔。"[①]

约从 18 世纪下半叶到 20 世纪 20 年代，穆斯林学者们的译经活动主要是采取选译的形式。选译本多从通行的阿拉伯原文选本《赫听·古兰》（*Khatm al-Qurān*）译出，称"赫听"（或"孩听""亥听""黑听""赫帖"等），亦被泛称为"十八个索来"。"索来"（Surah）是阿拉伯文"章"的音译。其实所选内容不止 18 章。这是我国流传了几百年的较定型的选本，各地所选章节大同小异。最早对《古兰经》进行通译尝试的是前文已提到的清末穆斯林学者马德新。如前所述，他按顺序翻译的《古兰经》，题为《宝命真经直解》，据传已译成 20 卷（全经为 30 卷）初稿，但译稿大部分毁于火灾，仅存 5 卷译稿，曾于 1927 年刊印问世。我国第一个完成并出版汉文通译本《古兰经》的人是铁铮（姓李）。他是一位汉族学者，也不懂阿拉伯文。他译于民国十六年（1927）十二月由北平中华印刷厂出版发行的《可兰经》是据坂本健一的日译本并参考罗德威尔（Rodwell）的英译本转译的。虽如此，但总算填补了一项

---

① 《天方至圣实录》卷一。

空白。

此后有姬觉弥的《汉译古兰经》（1931 年 3 月，上海爱俪园广仓学窘），它实际上是一个集体创作，译经过程中同样参照了日、英文译本。最早问世的这两个通译本，被认为是"教外人士"所为，而不受穆斯林青睐。

第一个从阿拉伯文原文通译《古兰经》的穆斯林学者是王静斋。他的《古兰经译解》最初的译本（甲本），是以文言文和经堂语直译的，由中国回教俱进会本部 1932 年印行于北平。第二个译本（乙本），1942 年在宁夏石印出版，线装分订为十册，文体改为白话文直译，并附以注释，译文多带经堂口语。第三个译本（丙本），1946 年由上海永祥印书馆出版，除对前所译经文予以修订外，还详加注释并增加了附说，译文改为畅达易懂的白话文，偶带经堂口吻，是王静斋三种译本中最成熟也最受欢迎的，问世后，多次被海内外翻印、影印或重排，流行极广。

通译本的第二个穆斯林的译作是刘锦标的《可兰汉译附传》，1943 年由北平新民印书局出版。这是一个半文半白的译本。译本中的"经"，是《古兰经》原文的直译；"传"，则是译者的引证、解释和发挥，其中糅进了一些与经文无关的内容，从而影响了译本的声誉。

杨静修（仲明）通译的《古兰经大义》，1947 年 8 月由北平伊斯兰出版公司刊行问世。译本文笔简练，颇具特色，但因采用严格的直译形式，有些古奥、艰涩。

时子周的《古兰经国语译解》，1958 年由台北"中华学院回教研究所理事会"出版，后又由香港伊斯兰联会重印，主要流传于台湾、香港和海外华侨穆斯林聚居较多的地区。译者虽是穆斯林，但不懂阿拉伯文。他据尤素福·阿里（Yusūf ʿalī）的英译本转译，再请定中明、熊振宗、常子萱三位精通阿拉伯文的学者根据原文逐节校正。译文语言简练，尽量避免经堂口吻，但"译文仍多欠流畅"。

影响最大、流行最广的是马坚的译本。马坚于1939年从埃及留学归国后，在抗日战争时期完成通译初稿工作。20世纪50年代初，先后由北京大学出版部和商务印书馆出版了包含前8卷并带注释的《古兰经》上册。他的全部经文的注释工作未能完成。1978年，他又着手润色全部译文，并拟完成全经的注释，结果因不久去世而未能如愿。为了使体例统一，1981年由中国社会科学出版社出版的马坚所译的《古兰经》，未加任何注释。译文忠实、明白、流利，用词准确，朴实无华，文白杂糅，雅俗相间，于平淡处展现功夫。译本颇受读者推崇。因而经伊斯兰教世界联盟推荐，已作为汉译《古兰经》范本在沙特阿拉伯与阿拉伯原文合璧出版发行。

除此之外，林松的《古兰经韵译》，于1988年由中央民族学院出版社在北京同时发行阿汉对照和汉文单行两种版本。用带韵散文译述，力求音韵铿锵、节奏和谐、顺口悦耳、好记易懂，是译文的主要特征。但由于追求句尾押韵，偶尔亦出现因韵损意、词难尽意或译述失误之处。

定居美国的美籍华侨穆斯林仝道章先生的《〈古兰经〉中阿

文对照详释本》，1989 年由南京译林出版社印行。译者早年毕业于上海复旦大学，中、英文造诣很深。译本主要依据的是两种流行的英译本，前后又参照英、汉、法译本 19 种、《圣训》4 种和有关字典、书刊多种，历时 17 年才最后付梓。译文后有多项附录，读者可按词目查询经文内容，同时它还对阿拉伯读音做了简介，这是该译本的一大特点。

旅居伦敦的华裔穆斯林学者周仲羲的《古兰经译释》，1990 年在新加坡佳艺彩印公司出版。译者肄业于南京大学，曾留学巴基斯坦，进修阿拉伯文、乌尔都文，攻读伊斯兰教和比较宗教学课程。经文翻译用较浅显易懂的白话体，文从字顺。从全书文笔看，译者中文根底很好，但译释中散播的一些诸如否定先知穆罕默德为最后一位使者的阿赫默底亚教派的观点，令不少正统的穆斯林群众难以接受。

《古兰经》除汉译本外，在新疆地区，长期以来还有少数民族文译本流传，其中主要的是维吾尔文和哈萨克文的译本。过去，维吾尔文译释本中最受欢迎的是维吾尔族学者大毛拉谢木思丁（Shams ad-Dīn，1882—1939）的《古兰经译诠》，它以通俗易懂、深入浅出著称。维文的新译本于 1987 年 10 月由民族出版社印行出版。译者买买提·赛来 1962 年毕业于北京的中国伊斯兰教经学院，曾任新疆伊斯兰教经学院院长。他兼通多种语言，阿拉伯文造诣尤深，加之借鉴前人的译述成果，致使译本达到较高水平。哈萨克文的《古兰经》译本由哈再孜和马哈什两位哈萨克族穆斯林学者合作译成，1990 年 10 月由民族出版社印行出版。

维吾尔文与哈萨克文的译本都与阿拉伯原文相对照，版面编排显得协调而和谐。[①]

来自8世纪或9世纪的《古兰经》，以库法字体书写

[①] 参见杨怀中、余振贵主编：《伊斯兰与中国文化》，宁夏人民出版社，1995年版第426～546页；金宜久：《〈古兰经〉在中国》，载《中国伊斯兰文化》，第73～77页。

第五章

阿拉伯文学在中国

阿拉伯文学是阿拉伯－伊斯兰文化的重要体现，是东方文学及世界文学的重要组成部分。古代的阿拉伯文学群星璀璨，佳作如林，是世界文学史上最光辉的篇章之一。以诺贝尔奖得主纳吉布·马哈福兹及其作品为代表的阿拉伯现代文学，已在世界现代文学中占有一席重要地位，其发展历程与现状与我国的状况有很多相似之处，反映出阿拉伯近现代与当代的政治风云变化与社会现实变革。

《古兰经》既是伊斯兰教具有绝对权威的根本经典，又是阿拉伯文学史上第一部成文的最有影响的散文著作。从这个意义上讲，《古兰经》当然也是最早翻译成中文的阿拉伯文学作品。

"诗歌是阿拉伯人的文献"，如果说《古兰经》是最早译成中文的阿拉伯散文作品的话，那么《天方诗经》便是最早汉译的阿拉伯诗篇。《天方诗经》原称《斗篷颂》（ *al-burdah* ），是埃及大诗人蒲绥里（Sharaf ad-Dīn al-Būsīrī，1212—1296）的作品。据说诗人曾患瘫痪症，夜梦先知穆罕默德前来探望，并把自己披着的斗篷给他盖上。翌晨，诗人病体霍然痊愈。诗人的《斗篷颂》

就是有感于此而写出赞颂先知的。诗中概述了先知的生平、功德、业绩，颂扬了《古兰经》，叙述了先知登宵的传说及其领导的圣战，抒发了自己对先知崇拜的情感，表达了祈求真主佑助、宽宥的心声。全诗庄重、典雅而流畅，富于想象，为宗教诗中最负声誉的名篇，在阿拉伯－伊斯兰世界广为流传。很多诗人争相唱和、仿作，用阿拉伯语、波斯语、土耳其语、柏柏尔语等为该诗写成的诠释多达 90 余种。诗篇还被译成波斯、土耳其、拉丁、德、法、英、意等多种文字，深受穆斯林的崇敬，其中一些诗句被用作护身符和祈祷词。1848 年（道光二十七年），前已述及的著名回民学者马德新游学归来时便将《斗篷颂》带回国，并与其汉语功力较深的弟子马安礼合作翻译，马德新逝世后，马安礼又与"精通经籍"的马学海合作翻译。他们通过"朝夕讲论"，遂"纂译成章"，1890 年（光绪十六年）刊印于成都。译本为中阿文合璧。汉译仿《诗经》句式，故译称《天方诗经》。译者称蒲绥里"天方大学士也。才雄天下，学富古今，妙手蜚声，文章绝世。常以诗词称天下之俊贤，贬天下之奸佞，鸿章一出，四海流传。是以王侯卿大夫，一时显者，皆爱而畏之"。并在序中概括全诗内容："首言思慕之诚，忧伤之至；次言欲性之愚，克治之要；次言圣德之全，奇征感应之神；次言悔过归真之切；终言忧惧希望，祈祝呼告之诚。"这也是我国最早对一位阿拉伯诗人及其作品的评介。

其实，《古兰经》的汉译与《天方诗经》的问世，显然是出于宗教的目的，而不是向读者介绍阿拉伯文学。从这个意义上讲，中国读者最早认识的阿拉伯文学作品应是《一千零一夜》。《一千零一夜》是一部卷帙浩繁、优美动人的阿拉伯民间故事集，被高尔基誉为世界民间文学史上"最壮丽的一座纪念碑"。它好似用离奇突兀的情节、神奇瑰异的想象绣织出的一幅宏伟辉煌、绚丽多彩的画卷。在世界文学史上，很难找到哪部文学作品能像它传播那样广、影响那样深，以至于家喻户晓、妇孺皆知。我国最早有关《一千零一夜》的介绍，见于林则徐在鸦片战争期间编辑的《四洲志》，其中在谈及阿拉伯的文化成就时，写道："……本国人复又著辑，论种类、论仇敌、论攻击、论游览、论女人，以至小说等书。近有小说《一千零一夜》，词虽粗俚，亦不能谓之无诗才。"[1] 在我国，开译《一千零一夜》故事之先河者是周桂笙。1900 年，他在《采风报》上发表了《一千零一夜》中《国王山鲁亚尔及兄弟的故事》和《渔者》两篇译文。1903 年，上海清华书局出版了他的《新庵谐译初编》凡二卷，其第一卷为《一千零一夜》中的故事。《一千零一夜》又称《天方夜谭》。最早用这一译名的是严复。据考，他很可能是最早将《一千零一夜》的故事介绍到中国的译者之一：《大陆报》（月刊）1903 年 5 月至 9 月的第 6 至 10 期连载的佚名者所译的《一千一夜》多半是出自他的手笔。在该报 1903 年 5 月 6 日刊载的《〈一千一夜〉序》中提到："……故名其书曰《一千一夜》，亦曰《天方夜谈》……"[2] 严复还在译述于 1900 年至 1902 年、正式出版于 1905 年的《穆勒名学》一书

---

[1]　转引自李长林：《清末中国对〈一千零一夜〉的译介》，《国外文学》1998 年第 4 期第 121 页。

[2]　见盖双：《千夜之花谁先采？》，载《阿拉伯世界》1999 年第 3 期。

的一则按语中写道："《天方夜谭》不知何人所著。其书言安息某国王，以其宠妃与奴私，杀之后，更娶他妃，御一夕，天明辄杀无赦。以是国中美人几尽，后其宰相女自言愿为王妃，父母涕泣闭距之，不可，则为具盛饰进御。夜中鸡既鸣，白王言为女弟道一故事未尽，愿得毕其说就死。王许之。为迎其女弟宫中，听姊复理前语。乃其说既吊诡新奇可喜矣，且抽绎益长，猝不可罄，则请王赐一夕之命，以褒续前语。入后转胜，王甚乐之。于是者至一千有一夜，得不死。其书为各国传译，名《一千一夜》。《天方夜谭》者，诚古今绝作也，且其书多议四城回部制度、风俗、教理、民情之事，故为通人所重也。"① 寥寥数语，既简要说明了《一千零一夜》故事的来龙去脉，又介绍了其反映的社会内容及其在世界文学史上的地位。同时以《天方夜谭》为译名，最早将《一千零一夜》介绍给我国读者的还有奚若。他先是以《天方夜谭》为题，在《绣像小说》（半月刊）上，自1903年10月20日的11期起，至1905年的55期止，先后发表了《一千零一夜》中的14篇故事。后又于1906年4月，在商务印书馆出版了其所译的《天方夜谭》一书，共4册，包括50个故事。该书曾多次再版，流传颇广，影响甚大。无论是严复还是奚若，他们所读或据以翻译的都是莱恩的英译本。英译本既称 *The Arabian Nights Entertainments*（《阿拉伯夜晚趣谈录》），汉译文又是文言文，那么《天方夜谭》这一译名无疑还是很贴切的。因为在中国尤其是明清学者写的古籍中，

---

① 严译名著丛刊《穆勒名学》，商务印书馆，1981年根据1905年金陵金粟斋木刻版再版，第31～32页。

"天方"就是指中国穆斯林"西向拜天"即朝向真主礼拜的那个方向、那片地方，即阿拉伯地区、阿拉伯世界。"夜谭"即"夜谈"，当然是指书中所有的故事都是山鲁佐德在那"一千零一夜"中谈的。在 20 世纪初或清朝末年最早将《一千零一夜》的故事介绍到中国的翻译前辈中，还应提道：1903 年 5 月文明书局出版了钱楷译的《航海述奇》（即《辛迪巴德航海历险记》），1904 年 8 月苏州《女子世界》刊登了周作人署名"萍云女士"所译的《侠女奴》（即《阿里巴巴和四十大盗》），并于 1905 年出了单行本。据统计，20 世纪一百年间，在我国，《一千零一夜》故事的各种译本或有关它的书林林总总竟达四五百种。大概是外国文学作品中汉译版本最多的一部著作。鉴于《一千零一夜》在世界文学史上的地位，鉴于它是译介到我国最早的外国文学作品之一，又是译本种类最多的外国文学作品，它对我国近现代文学及作家们的影响是不言而喻的。还应提到的是，不少研究者发现，《一千零一夜》中的一些故事与我国一些古籍记载或民间流传的故事相似或类似。如，唐传奇《博异志》中《苏遏》与《一千零一夜》中的《商人阿里·密斯里的故事》，《幻异志》中《板桥三娘子》与《一千零一夜》中的《白第鲁·巴西睦太子和赵赫兰公主》；又如，维吾尔族民间故事《木马》与《一千零一夜》中的《乌木马的故事》，藏族民间故事《阿力巴巴》、哈萨克族民间故事《四十个强盗》与《一千零一夜》中的《阿里巴巴和四十大盗》，苗族民间故事《猎人老当》与《一千零一夜》中的《渔夫的故事》，等等。其中有些是整个故事相似，有些则是部分情节类似，它们之间的渊源关系无疑是比较文学研究最好的课题。总体上讲,这种相似或类似的原因大概不外乎这样几种可能:它们在各自的环境中独立产生;中阿两大民族的交往源远流长,著名的"丝绸之路"与"香料之路"自古就把两大民族连在一起,因此,有些故事可能从中国传到了阿拉伯,也有些故事可能从阿拉伯传到了中国。但还应注意到,《一千零一夜》并非纯粹的阿拉伯故事,而是如前所述,是印度、波斯、阿拉伯以及其他民族,特别是东方各民族各种文化相互撞击、融汇的结果,而各种文化是呈放射状对外施加影响的,因此,有可能印度、波斯等的一些故事在传入阿拉伯构成《一千零一夜》的组成成分的同时,也传入他们的近邻中国,成为中国某些古籍或民间故事的组成成分。

中国读者最早知道的阿拉伯近现代文学家应是纪伯伦。纪伯伦及其主要作品在阿拉伯世界家喻户晓,妇孺皆知。现当代阿拉伯文坛几乎没有哪位作家、诗人未曾受过其影响。据统计,他的作品迄今至少被译成 56 种文字。最早将纪伯伦介绍到中国来的是茅盾先生。1923 年,茅盾译介了纪伯伦的《先驱》中的五篇散文诗。随后,1931 年,冰心翻译的《先知》由上海新月出版社出版。《先知》是纪伯伦呕心沥血之作。正如许多评论家所指出的,《先知》中的先知正是作者本人。他借先知之口,宣扬了他的人生观和哲学思想。《先知》一问世,就轰动了世界,被认为是"东方赠送给西方的最好的礼物"。冰心在 1927 年初次读到《先知》时不禁赞叹:"那满含着东方气息的超妙的哲理和流利的文辞,予我以极深的印象!"1981 年她在译本新序中,说纪伯伦的《先知》:

"……像一个饱经沧桑的老人，对年轻人讲一些处世为人处事的哲理，在平静中却流露出淡淡的悲凉！书中所讲的许多事，用的是诗一般的比喻和反复的词句，却都讲了很平易人情的道理。尤其是谈婚姻、谈孩子等篇，境界高超，眼光远大，很值得年轻的读者仔细寻味的。"不过新中国成立前，《一千零一夜》、纪伯伦和其他阿拉伯文学作品都是由英文或他种文字译出，数量少得可怜。当然，纳训先生 1941 年由商务印书馆出版的五册《一千零一夜》当是例外，那是由阿拉伯文直接译出的。

纪伯伦

中华人民共和国成立后，20 世纪 50 年代末、60 年代初，阿拉伯各国人民的反帝国主义、反殖民主义的民族解放运动风起云涌。为了配合当时中东政治形势的发展，为了表示对兄弟的阿拉伯人民正义斗争的支持，当时在我国出现了介绍阿拉伯文学的第一次高潮，翻译出版了诸如《埃及短篇小说集》《黎巴嫩短篇小说集》《阿拉伯人民的呼声》《约旦和平战士诗歌选》和伊拉克著名诗人

成稿于 14 世纪的《一千零一夜》手稿，现藏巴黎国立图书馆

白雅帖的《流亡诗集》等阿拉伯文学作品。但这些译作多半是从俄文转译的。直接从阿拉伯文译成中文的则是凤毛麟角，如纳训先生所译的《一千零一夜》、林兴华先生所译的《卡里来与笛木乃》等。

1966 年至 1976 年的十年"文化大革命"期间，阿拉伯文学的翻译与研究几乎处于停滞状态。

20 世纪 80 年代初开始的改革开放带来了阿拉伯文学的翻译与研究在中国的新兴。

自 20 世纪 80 年代初开始，在我国的高等院校，特别是师范院校的中文系开设了"东方文学史"课，并成立了"东方文学研究会"，从而引起教的人和学的人对阿拉伯文学的浓厚兴趣，在一定程度上促进了我国对阿拉伯文学的研究和译介。

1987 年 8 月，又成立了"中国外国文学学会阿拉伯文学研究会"。令人感到欣慰的是，中国阿拉伯文学研究工作者这支年轻的队伍为打破"欧洲中心论"做了很大的努力，并已取得不菲的成绩。在一些有关外国文学、东方文学、比较文学、文学翻译的学术会议上，已经经常可以听到阿拉伯文学研究者的声音；在一些有关文学研究的学术刊物上，亦可经常见到有关阿拉伯文学研究的文章。在一切冠有"世界文学""外国文学"的类书、辞典中，有关阿拉伯文学的介绍已不再是空白与点缀，而是占有相当大的比重。如 1994 年出版的《东方现代文学史》，对阿拉伯现代文学的来龙去脉、重要的流派及其代表作家、诗人都有专题论述。1995 年出版的《东方文学史》对古代的埃及文学、巴比伦文学，阿拉伯的古代文学、近现代文学，都按历史时期和地区、国别，对重要的作家、作品做了较详尽的介绍。2004 年出版的《阿拉伯现代文学史》则是我国出版的第一部全面、系统地介绍、论述阿拉伯近 20 个国家现代文学的专著，内容广泛、鲜活，评论、分析具有中国社会主义的特色，比较客观、公允、全面。在近十几年的时间里，一些高校——北京大学、北京外国语大学、上海外国语大学从事阿拉伯文学研究的研究生们，已有十几人获得硕士学位，五六人获得了博士学位。

当然，在此期间，大量的工作还是对阿拉伯文学的译介。据初步统计，迄今翻译成中文的阿拉伯文学作品已有 200 多种，其中绝大部分是 20 世纪 80 年代以来翻译出版的。如埃及纳吉布·马哈福兹的《宫间街》三部曲、《命运的戏弄》《拉杜璧姒》《忒拜之战》《新开罗》《梅达格胡同》《始与终》《汗·哈里里市场》《平民史诗》《我们街区的孩子们》《米尔玛拉公寓》《卡尔纳科咖啡馆》《贼与狗》《尊敬的阁下》《雨中的爱情》《千夜之夜》《自传的回声》《纳吉布·马哈福兹短篇小说选粹》，塔哈·侯赛因的《日子》《鹬鸟声声》，陶菲格·哈基姆的《灵魂归来》《乡村检察官手记》《洞中人》，尤素福·伊德里斯的《罪孽》，尤素福·西巴伊的《回来吧，我的心》《废墟之间》《人生一瞬间》，伊赫桑·阿卜杜·库杜斯的《难中英杰》《我家有个男子汉》《罪恶的心》《心思》《天长日久》《绝路》《亲爱的，我们都是贼》《库杜斯短篇小说选》，谢尔卡维的《土地》，穆斯塔法·艾敏的《初恋的岁月》，台木尔的《台木尔短篇小说选》，

纳吉布·马哈福兹

塔哈·侯赛因

以及《埃及现代短篇小说选》；黎巴嫩纪伯伦的几乎全部作品《先知》《泪与笑》《折断的翅膀》《叛逆的灵魂》《大地的神祇》等，努埃曼的《七十抒怀》《相会》《努埃曼短篇小说选》，陶菲格·阿瓦德的《大饼》，杰尔吉·宰丹的《古莱什少女》《萨拉丁》《加萨尼姑娘》《伊斯兰女王莎吉杜拉》等；叙利亚汉纳·米纳的《蓝灯》、乌勒法特·伊德丽碧的《凄楚的微笑》；巴勒斯坦格桑·卡纳法尼的《阳光下的人们》《重返海法》；苏丹塔伊布·萨里赫的《向北方迁徙的季节》；阿尔及利亚伊本·海杜卡的《南风》；利比亚易卜拉欣·法格海的《一个女人照亮的隧道》三部曲、《昔日恋人》《利比亚现代短篇小说选》；突尼斯沙比的诗选《生命之歌》；沙特阿拉伯赛义德·萨拉哈的《沙漠——我的天堂》；科威特苏阿德·萨巴赫的《本来就是女性》等诗集。此外，还翻译出版了《世界短篇小说精品文库之阿拉伯卷》、以《四分之一个丈夫》为题名的阿拉伯女作家作品选、《阿拉伯古代诗文选》和《阿拉伯古代诗歌选》等。

　　我们对"阿拉伯文学"这一宝藏只是开始在采掘，我们在这块沃土上只是刚开始耕耘。目前，我们在阿拉伯文学翻译方面的数量和质量都还远不够理想。我们对阿拉伯文学的研究也需要进一步加强其深度与广度，可谓任重道远。

主要参考文献：

1.［美］希提《阿拉伯通史》，马坚译，商务印书馆，1979 年；阿拉伯文增补版（1965 年第 4 版，贝鲁特凯沙夫出版社）。

2. 江淳、郭应德：《中阿关系史》，经济日报出版社，2001 年。

3. 白寿彝主编：《中国回回民族史》，中华书局，2003 年。

4. 张星烺编注：《中西交通史料汇编》第 2 册，中华书局，2003 年。

5. 周一良主编：《中外文化交流史》，河南人民出版社，1987 年。

6. 陈炎：《海上丝绸之路与中外文化交流》，北京大学出版社，1996 年。

7. 杨怀中、余振贵主编：《伊斯兰与中国文化》，宁夏人民出版社，1995 年。

8. 沈福伟：《中国与非洲——中非关系二千年》，中华书局，1990 年。

9. 金宜久主编：《伊斯兰教辞典》，上海辞书出版社，1997 年。

10.《文史知识》编辑部、国务院宗教事务局宗教研究中心合编：《中国伊斯兰文化》，中华书局，1996 年。

11. 阿拉伯 http//www.alwaraq.com 网站。